DAII CONVERSATION IN MALAY

IBRAHIM ISMAIL

GOLDEN BOOKS CENTRE SDN. BHD.
KUALA LUMPUR

GOLDEN BOOKS CENTRE SDN. BHD.
Lot 4.1, 4th Floor, WISMA SHEN,
149, Jalan Masjid India,
50100 Kuala Lumpur.
Tel: 03-2939862 / 2939864/2931661/2933661
Fax: 03-2928035

First Published: 1996

Member of the Malaysian Book Publishers Association
Membership No. 8202

Printed by: Percetakan Season Sdn. Bhd., Kuala Lumpur.

ISBN: 983-72-0284-X

DAFTAR ISI

1. GREETINGS — TEGUR SAPA

T	:	Good morning, sir.	**Selamat pagi, encik.**
		Good afternoon, madam.	**Selamat petang, puan.**
		Good evening, mom	**Selamat malam, ibu.**
		Good night, dad.	**Selamat malam, ayah.**
J	:	Good evening, Tan	**Selamat malam, Tan.**
T	:	How are you?	**Kamu apa khabar?**
J	:	Fine, thanks.	**Baik, terima kasih.**
		Just fine, thanks.	**Baik-baik saja, terima kasih.**
		Pretty well, thanks.	**Baik-baik saja, terima kasih.**
T	:	I'm very well, thank you.	**Saya sihat, terima kasih.**
		I'm fine, thank you.	**Saya baik-baik saja, terima kasih.**
		I'm pretty well, thank you.	**Saya sihat sekali, terima kasih.**
T	:	How do you do?	**Apa khabar? (salam perkenalan)**
J	:	How do you do?	**Apa khabar?**
T	:	I'm happy to see you.	**Saya gembira bertemu kamu.**
		I'm pleased to see you.	**Saya gembira bertemu kamu.**
		I'm glad to see you.	**Saya gembira berjumpa kamu.**
		It's a pleasure to see you.	**Alangkah seronoknya bertemu kamu.**

J :	How are you this morning, Tan?	**Bagaimana pagi ini, Tan?**
	How are you this afternoon, Tan?	**Bagaimana kamu tengah hari ini, Tan?**
	How are you this evening, Tan?	**Bagaimana kamu malam ini, Tan?**
	How are you today, Tan?	**Apa khabar kamu hari ini, Tan?**
T :	I'm very well, thanks. And you?	**Saya baik-baik saja, terima kasih. Dan kamu?**
J :	I'm fine too. What about your sister?	**Saya baik-baik juga. Bagaimana dengan saudara perempuan kamu?**
T :	She's very well, thanks.	**Dia sihat saja, terima kasih.**
J :	How is your father?	**Bagaimana dengan ayah kamu?**
T :	He's not so well.	**Dia tidak begitu sihat.**
J :	I hope he will be better soon. I'm sorry to hear that.	**Saya harap dia akan segera pulih. Saya turut sedih.**
T :	How is life? How is everything?	**Apa khabar? Apa khabar semuanya?**
J :	Very well, thanks.	**Baik, terima kasih.**
T :	How are you parents?	**Bagaimana orang tuamu?**
J :	They are very well, thanks.	**Mereka baik, terima kasih.**

2. CONGRATULATION — UCAPAN TAHNIAH

T	:	Good evening, Johan. Many happy returns of your birthday.	**Selamat malam, Johan. Selamat hari jadi.**
J	:	Thank you, Tan.	**Terima kasih, Tan.**
T	:	And here's parcel for you.	**Dan ini hadiah untuk kamu.**
J	:	What is it? The cover's very good.	**Apa ini? Bungkusnya cantik sekali.**
T	:	Let me open it.	**Mari saya bukakan.**
J	:	Oh, what a beautiful statue, it's!	**Oh, cantiknya patung ini!**
T	:	I've bought if from Bali.	**Saya telah membelinya dari Bali.**
J	:	Thank you very much.	**Terima kasih banyak.**
T	:	Don't you know that Lili has just passed her exam?	**Adakah kamu tahu bahawa Lili baru saja lulus peperiksaannya?**
J	:	No, I don't know.	**Tidak, saya tidak tahu.**
T	:	I'll be going to her house to congratulate her on her success.	**Saya akan ke rumahnya untuk mengucapkan tahniah atas kejayaannya.**
J	:	Can I join you?	**Bolehkah saya ikut kamu?**
T	:	Of course, you can. I'll be glad to. Please come with me.	**Tentu boleh.Saya turut gembira. Mari ikut saya.**

J	:	Thanks.	**Terima kasih**
T	:	Conglatulation on you marriage.	**Tahniah atas perkahwinan kamu.**
J	:	Thank you.	**Terima kasih.**
T	:	Congratulation for winning the badminton competition.	**Tahniah atas kemenangan kamu dalam pertandingan badminton itu.**
T	:	Thanks.	**Terima kasih.**
T	:	Excuse me, Johan. My sister Lily can't come here.	**Maafkan saya, Johan. Lili tidak dapat datang ke sini.**
J	:	Why? Where's she?	**Kenapa? Di mana dia?**
T	:	She has got a headache. So, she's just taking a rest at home.	**Dia sakit kepala. Jadi, dia sedang berehat di rumah.**
J	:	Here's bunch of flowers for you	**Ini sejambak bunga untuk kamu.**
T	:	Oh, what a lovely flowers! You're very kindly.	**Oh, betapa indahnya bunga ini. Kamu sangat baik hati.**
J	:	No, not me. It's sent by Lily. And, she wish you a 'happy birthday'.	**Tidak, bukan saya. Bunga ini dikirim oleh Lili. Dan dia mengucapkan 'selamat hari jadi'.**
T	:	Tell her, thanks.	**Katakan padanya, 'terima kasih'.**
T	:	I hear that you're a Colonel now.	**Saya dengar bahawa kamu sekarang seorang Kolonel.**
		Yes. I've just been pro-	**Ya. Saya baru saja dinaikan**

		moted to the rank of Colonel since two weeks ago.	**pangkat menjadi Kolonel sejak dua minggu yang lalu.**
J	:	Congratulation Colonel!	**Tahniah Kolonel!**
T	:	Thanks.	**Terima kasih.**
T	:	Congratulations to you for having a new born baby.	**Tahniah atas lahirnya anak kamu yang baru.**
J	:	Thanks. I'm really happy to have a baby boy.	**Terima kasih. Saya sangat gembira kerana mendapat anak lelaki.**
T	:	Of course, you must feel happy as this is the first boy and all the other children are girl.	**Tentu sekali, kamu gembira kerana ini adalah anak lelaki pertama sementara anak-anak yang lain adalah perempuan.**
T	:	Congratulation, Lili.	**Tahniah, Lili.**
L	:	What do you mean by congratulation?	**Apa maksudmu dengan ucapan tahniah itu?**
T	:	I read in a newspaper yesterday that you'll be sent to New York as the chief of Malaysian student delegation.	**Saya membaca akhbar kelmarin bahawa kamu akan dihantar ke New York sebagai ketua delegasi mahasiswa Malaysia.**
J	:	Oh! That's right. Thanks for your congratulations.	**Ya, itu betul. Terima kasih atas ucapan tahniah kamu.**
T	:	How was your interview for a lecturer's post at MARA Institut of Technology?	**Bagaimana dengan temuduga kamu untuk jawatan pensyarah di Institut Teknologi MARA?**

J	:	Oh, I'm very glad to have passed the interview. I'll start working next Monday.	**Saya gembira kerana telah lulus temuduga itu. Saya akan mulai bekerja Isnin depan.**
T	:	Congratulations!	**Tahniah!**
J	:	Thank you.	**Terima kasih.**
T	:	Hello, Johan. Congratulations!	**Helo, Johan. Tahniah!**
		Congratulations on your success.	**Tahniah atas kejayaan kamu.**
		Congratulations to you.	**Tahniah kepada kamu.**
		Let me congratulate you.	**Biar saya ucapkan tahniah.**
		I'm glad to hear it.	**Saya gembira mendengarnya.**
		Happy Birthday!	**Selamat Hari jadi!**
		Many happy return of the day!	**Selamat Hari jadi!**
		Merry Christmas	**Selamat Hari Natal**
		Happy Feast Day	**Selamat Hari Raya**
		Happy New Year	**Selamat Tahun Baru**
		Happy Anniversary	**Selamat Ulang Tahun**
		Have a nice sleep	**Selamat tidur**
		Have a good trip	**Selamat bercuti**
		My congratulations on your winning the provincial chest competition.	**Tahniah atas kemenangan anda di pertandingan catur peringkat wilayah.**
		My congratulations on your winning the scholarship.	**Tahniah atas kejayaan anda dalam meraih biasiswa**
		Congratulations on passing your exam.	**Tahniah atas lulusnya peperiksaan anda.**

	Congratulations on your engagement.	**Tahniah di atas pertunangan anda.**
	Congratulations on your marriage.	**Tahniah atas perkahwinan anda.**
	Congratulations on your appointment at a director.	**Tahniah atas perlantikan anda sebagai pengarah.**
	Congratulations on your getting a new job.	**Tahniah kerana mendapat pekerjaan yang baru.**
	Congratulations on your escape.	**Tahniah atas terselamatnya anda dari bahaya.**
	Please wish her happy birthday from me.	**Sampaikan ucapan selamat hari jadinya daripada saya.**
J :	Okay, I will.	**Baiklah, saya akan sampaikan.**

3. THANKS

UCAPAN TERIMA KASIH

– Don't mention it.	**Terima kasih kembali.**
– Forget it.	**Terima kasih kembali.**
– How kind of you.	**Anda sungguh baik hati.**
– I'll remember it till my dying day.	**Saya akan mengingatnya sampai mati.**
– I'm deeply indebted to you.	**Saya sangat terhutang budi kepada kamu.**
– I'm very much obliged to you.	**Saya sangat berterima kasih kepada kamu.**
– I'm very grateful.	**Saya sangat berterima kasih.**
– I'm much obliged.	**Saya sangat berterima kasih.**
– I can't thank you enough.	**Terima kasihku padamu tak terhingga.**
– I can't express how grateful I am.	**Saya tidak dapat menyatakan betapa besarnya rasa terima kasih saya.**
– I can't find words how to thank you.	**Saya tidak dapat meluahkan kata-kata untuk berterima kasih kepada kamu.**
– I shan't forget it, you may be sure.	**Saya tidak akan melupakannya, percayalah!**
– I won't to forget it, you may be sure.	**Percayalah, saya tidak akan melupakannya.**
– I wish I could repay it.	**Saya harap saya dapat membalas budi baik anda.**

– It was very kind of you.	**Anda sungguh baik hati.**
– It was very nice of you.	**Anda benar-benar baik hati.**
– I'd very much obliged if you would like to come.	**Saya sangat berterima kasih sekiranya anda sudi datang.**
– It's a pleasure.	**Terima kasih kembali.**
– No trouble at all.	**Tidak menjadi halangan.**
– No, thanks.	**Tidak, terima kasih. (untuk menolak pemberian)**
– No, thank you.	**Tidak, terima kasih. (untuk menolak pemberian)**
– Please accept my sincere thanks.	**Terimalah ucapan terima kasih saya yang ikhlas.**
– Thank you very much indeed.	**Terima kasih banyak.**
– Thank you very much.	**Terima kasih banyak.**
– Thank you so much.	**Terima kasih banyak.**
– Thank you.	**Terima kasih.**
– Thanks.	**Terima kasih.**
– Thanks a lot.	**Terima kasih banyak.**
– Thank you for the gift.	**Terima kasih atas pemberian itu.**
– Thank you for the flowers.	**Terima kasih atas pemberian bunga-bunga itu.**
– Thank you for everything.	**Terima kasih atas segala-galanya.**
– Thanks for your help.	**Terima kasih atas pertolongan anda.**
– Thank you so much for all trouble.	**Terima kasih banyak atas penat-lelah anda.**

– That's quite all right.	**Terima kasih kembali.**
– That's very nice of you.	**Sungguh baik hati anda.**
– Thank you just the same.	**Terima kasih juga saya ucapkan kepada anda.**
– Thank you very much for lending me some money.	**Terima kasih kerana meminjamkan saya wang.**
– Thank you for the pleasant evening.	**Terima kasih kerana malam yang menyeronokkan.**
– Very kind of you.	**Anda baik hati.**
– You're very kind.	**Anda sangat baik hati.**
– You're welcome.	**Terima kasih kembali.**
– You're most welcome.	**Terima kasih kembali.**
– You've done me a great favour.	**Anda telah banyak membantu saya.**
– We are very grateful to all of you.	**Kami sangat berterima kasih.**

4. PARTINGS	UCAPAN PERPISAHAN
– All the best.	**Semoga berjaya.**
– Bye-bye.	**Selamat tinggal.**
– Best of luck.	**Semoga berjaya.**
– Bless you.	**Semoga Tuhan memberkati anda.**
– Cheerio.	**Selamat tinggal.**
– Come whenever you like.	**Bila ada kesempatan, datanglah!**
– Don't keep me waiting too long.	**Jangan biarkan saya menunggu terlalu lama.**
– God bless you.	**Semoga Tuhan memberkati anda.**
– Good-bye.	**Selamat tinggal.**
– Good-bye and see you again.	**Selamat tinggal dan sampai berjumpa lagi.**
– Good night.	**Selamat malam.**
– Good luck!	**Semoga berjaya!**
– Have a good time.	**Semoga menyeronokkan.**
– Have a good journey.	**Selamat jalan.**
– I'm glad you have come.	**Saya gembira kamu telah datang.**
– I have to go now.	**Saya harus pergi sekarang.**
– I hope you'll come again.	**Saya harap anda akan datang lagi.**

– I hope I shan't miss you.	**Saya berharap dapat bertemu lagi.**
– I must go now.	**Saya mesti pergi sekarang.**
– I must leave now.	**Saya mesti berangkat sekarang.**
– I must say good-bye.	**Saya mesti ucapkan selamat tinggal.**
– May God bless you.	**Semoga Tuhan memberkati kamu.**
– Please come again soon.	**Sila datang lagi secepat mungkin.**
– Please remember me to your sister Lili.	**Sampaikan salam saya kepada adik perempuan kamu, Lili.**
– Please give my kind regards to your mother.	**Sampaikan salam saya kepada ibu kamu.**
– Please give my best regards to your parents.	**Sampaikan salam mesra saya kepada orang tua kamu.**
– Please send my best love to your sister.	**Sampaikan salam saya kepada kakak kamu.**
– Please say hello to your brother for me.	**Sampaikan salam saya kepada abang kamu.**
– Please give my kind remember to your family.	**Sampaikan salam saya kepada keluarga kamu.**
– So long.	**Sampai berjumpa kembali.**
– See you tomorrow.	**Sampai berjumpa besok.**

– See you this afternoon.	**Sampai berjumpa lagi tengah hari nanti.**
– See you this evening.	**Sampai berjumpa petang nanti.**
– See you tonight.	**Sampai berjumpa malam nanti.**
– See you on Tuesday.	**Sampai berjumpa lagi pada hari Selasa.**
– See you again.	**Sampai berjumpa kembali.**
– See you later.	**Sampai bertemu lagi.**
– See you next.	**Sampai berjumpa lagi.**
– see you next week.	**Sampai berjumpa minggu depan.**
– See you next month.	**Sampai berjumpa bulan depan.**
– See you next year.	**Sampai berjumpa tahun depan.**
– See you on Saturday evening.	**Sampai berjumpa lagi Sabtu malam.**
– Till we meet again.	**Sampai kita bertemu lagi.**
– Take it easy.	**Baik-baik sajalah.**
– Thanks for your coming.	**Terima kasih atas kedatangan anda.**

5. EXCUSES	PERNYATAAN MAAF
– Do forgive me!	**Maafkanlah saya!**
– Don't be angry!	**Jangan marah!**
– Don't lose your temper.	**Jangan marah.**
– Don't be sily!	**Jangan bertindak bodoh!**
– Don't think me impolite.	**Jangan menganggap saya kurang ajar.**
– Excuse me.	**Maafkan saya.**
– Excuse me for a moment.	**Maafkan saya, sebentar.**
– Excuse me for being late.	**Maaf, saya terlambat.**
– Excuse me for coming late.	**Maaf, atas kelewatan saya.**
– Forgive me, please.	**Harap maafkan saya.**
– Forget it!	**Lupakanlah!**
– How awful!	**Buruk benar!**
– How annoying!	**Sungguh menyakitkan hati!**
– I'm sorry.	**Saya minta maaf.**
– I'm so sorry.	**Saya sangat menyesal.**
– I'm very sorry to hear that.	**Saya sangat sedih mendengarnya.**
– I'm very sorry you're ill.	**Saya sangat sedih kamu sakit.**
– I'm sorry you didn't come to my Birthday party.	**Saya kecewa kamu tidak datang ke parti harijadi saya.**

– I beg you pardon.	**Saya mohon maaf.**
– I'm sorry for being late.	**Maaf, kerana saya terlambat.**
– I'm sorry I'm late.	**Maaf, saya terlambat.**
– I didn't mean to hurt you.	**Saya tidak bermaksud melukai hatimu.**
– I didn't want to hurt your feelings.	**Saya tidak mahu melukai perasaan kamu.**
– I must apologize to you.	**Saya mesti minta maaf kepada kamu.**
– I hope I haven't offended you.	**Saya berharap tidak mengecewakan kamu.**
– I hope it's nothing serius.	**Saya harap tidak ada yang membimbangkan.**
– I didn't it on purposes.	**Saya tidak bermaksud demikian.**
– I regret the misunderstanding.	**Saya menyesali salah faham itu.**
– It's my fault.	**Itu kesalahan saya.**
– May I express my regrets.	**Terimalah penyesalan saya.**
– Pardon me, please!	**Maafkan saya!**
– Please excuse my rudeness.	**Harap maafkan kekasaran saya.**
– Please accept my heartfelt sympathies.	**Terima rasa simpati dari saya.**
– That's life!	**Ya, begitulah!**
– What? Sorry?	**Apa? Maaf?**

–	What a shame!	**Sungguh memalukan!**
–	What a pity!	**Sayang sekali!**
–	You mustn't be offended.	**Jangan tersinggung.**
T :	I'm sorry, Johan. I can't join you this evening.	**Maafkan saya, Johan. Saya tidak boleh ikut kamu malam ini.**
J :	Do you have an appointment?	**Adakah kamu mempunyai temu janji?**
T :	No, but I don't feel well. I'm very tired and sleepy. So, I've to stay at home.	**Tidak, tetapi saya merasa kurang sihat. Saya letih dan mengantuk. Oleh itu saya terpaksa tinggal di rumah.**
J :	That's all right.	**Baiklah.**
T :	Will you excuse me for a moment, please? I'm wanted on the phone.	**Maafkan saya sebentar. Saya ada panggilan telefon.**
J :	Sure. Please go ahead.	**Tentu, silakan.**
T :	I'll be back in a minute.	**Saya akan segera kembali.**
T :	Excuse me. Would you please repeat the question?	**Maafkan saya, bolehkah anda ulang soalan itu?**
J :	Certainly, but now listen properly.	**Tentu, tetapi sekarang dengarkan baik-baik.**
:	All right. I'll repeat once again, but listen carefully.	**Baiklah. Saya akan ulang sekali lagi, tetapi dengarlah dengan cermat.**

T	:	I'm sorry. I'm a little late. There was a heavy rain.	**Maaf, saya terlambat sedikit kerana hujan terlalu lebat.**
J	:	Oh, never mind. Come in.	**Oh, tidak mengapa. Mari masuk.**
T	:	What did you talk about at your last meeting?	**Apa yang dibincangkan pada pertemuan terakhir kamu?**
J	:	Oh, we talked about marketing and employee's welfare.	**Oh, kami membincangkan tentang pemasaran dan kebajikan pekerja.**
T	:	Excuse me. Would you mind speaking more slowly?	**Maafkan saya. Bolehkah anda bercakap perlahan sedikit?**
J	:	Certainly. Am I speaking too fast?	**Tentu. Adakah saya bercakap terlalu cepat?**
T	:	No, but I don't understand English very well.	**Tidak, tetapi saya tidak begitu memahami Bahasa Inggeris.**
J	:	I'm sorry. I guess you're not an English man.	**Maaf, saya fikir anda bukan orang Inggeris.**
T	:	Right. I'm a Polish.	**Betul. Saya orang Poland.**
J	:	Oh, I see.	**Oh, begitu.**
J	:	Why didn't you come to the meeting last night?	**Mengapa kamu tidak datang ke mesyuarat malam tadi?**
T	:	I'm sorry for not calling on you last night. I had a	**Maaf saya tidak menelefon kamu semalam. Saya ada**

		few guests and I couldn't leave them.	**beberapa tetamu dan saya tidak boleh meninggalkan mereka.**
J	:	That's all right. I understand.	**Tidak mengapa. Saya faham.**

6. REQUESTS	PERMOHONAN
A moment, please.	**Tunggu sebentar.**
Just a minute.	**Tunggu sebentar.**
Just a moment.	**Tunggu sebentar.**
Be happy, please.	**Berbahagialah.**
Be patient, please.	**Bersabarlah.**
Be careful, please.	**Berhati-hatilah.**
Do you mind if I smoke?	**Adakah anda tidak keberatan jika saya merokok?**
Wait a moment, please.	**Tunggu sebentar.**
May I borrow your bike?	**Bolehkah saya meminjam motosikal anda?**
Could I borrow this newspaper?	**Bolehkah saya meminjam suratkhabar ini?**
Would you please lend me some money?	**Bolehkah anda meminjamkan sedikit wang kepada saya?**
Please come in.	**Silakan masuk.**
Please sit down.	**Silakan duduk.**
Please stand up.	**Silakan berdiri.**
Please stay here.	**Silakan tinggal di sini.**
Please be patient.	**Sabarlah.**
Please be careful.	**Sila hati-hati.**
Please wait here.	**Tunggulah di sini.**

Please wait for me.	**Tunggulah saya.**
Please help me.	**Tolonglah saya.**
Please get me a taxi.	**Tolong dapatkan saya teksi.**
Please take my bagage to the taxi.	**Tolong bawakan beg saya ke teksi.**
Take a seat, please.	**Silakan duduk.**
Have a seat, please.	**Silakan duduk.**
Close the window, please.	**Tolong tutupkan tingkap.**
Open the door, please.	**Tolong bukakan pintu.**
Have a drink, please.	**Silakan minum.**
Have a pot luck, please.	**Silakan makan seadanya.**
Have a taste, please.	**Sila nikmati makanan itu.**
Would you mind closing the window?	**Adakah anda tidak keberatan untuk menutup tingkap?**
Would you open the door?	**Bolehkah anda membuka pintu itu?**
Would you please sit down?	**Silakan duduk.**
Will you close the window, please?	**Tolong tutup tingkap.**
Certainly, I will.	**Tentu boleh.**
Okay, I will.	**Baiklah.**
Yes, I will.	**Baiklah.**
Sure, I will.	**Baiklah.**
Of course, I will.	**Baiklah.**
All right.	**Baiklah.**

Don't make a noise here, please!	**Jangan buat bising di sini!**
No, I won't.	**Baiklah.**
Okay, I won't.	**Baiklah.**
Sure, I won't.	**Baiklah.**
All right, I won't.	**Baiklah.**
Certainly, I won't.	**Baiklah.**
Would you like some coffee?	**Mahu minum kopi?**
Yes, thank you.	**Ya, terima kasih.**
No, thanks.	**Tidak, terima kasih.**

7. INTRODUCTION — PERKENALAN

T :	Johan, I'd like to introduse Lili a new friend of mine.	**Johan, saya ingin perkenalkan Lili, teman baru saya.**
L :	How do you do?	**Apa khabar?**
J :	How do you do? Have we met before?	**Apa khabar? Adakah kita pernah berjumpa?**
L :	No. I don't think we have. I'm a newcomer here.	**Saya rasa belum. Saya orang baru di sini.**
K :	I see.	**Oh, begitu.**
T :	Hello, Johan.	**Helo, Johan.**
J :	Hello, Tan.	**Helo, Tan.**
T :	Welcome to Kuala Lumpur.	**Selamat datang ke Kuala Lumpur.**
J :	Thank you. I haven't seen you for a long time.	**Terima kasih. Sudah lama saya tidak berjumpa kamu.**
T :	Glad to see you again.	**Gembira dapat bertemu dengan kamu lagi.**
J :	So am I.	**Begitu juga saya.**
T :	May I introduce my wife, Dewi and my daughter, Laili. This is my friend. His name is Thani.	**Saya perkenalkan ini isteri saya Dewi dan anak perempuan saya, Laili. Ini teman saya. Namanya Thani.**
I :	How do you do, Mr Thani?	**Apa khabar Encik Thani?**

J	:	How do you do, Mrs. Johan?	**Apa khabar Puan Johan?**
J	:	How do you do, Laili? I hope you'll be happy here.	**Apa khabar, Laili? Saya berharap, kamu akan gembira di sini.**
I	:	I'm sure I will, thank you.	**Tentu sekali, terima kasih.**
T	:	Excuse me, sir. May I sit down here?	**Maaf, encik.** **Bolehkah saya duduk di sini?**
J	:	Of course. Please! Are you a local tourist?	**Tentu. Silakan!** **Adakah kamu pelancong tempatan?**
T	:	Yes, sir. I come from Kelantan. And you?	**Ya, encik. Saya dari Kelantan. Dan encik?**
J	:	I'm foreign tourist.	**Saya pelancong asing.**
T	:	What country do you come from? Are you from Spain?	**Kamu berasal dari negara mana?** **Adakah kamu dari Sepanyol?**
J	:	No, I come from New York, United States of Amerika.	**Tidak, saya datang dari New York, Amerika Syarikat.**
T	:	May I introduce myself? I'm Tajudin.	**Bolehkah saya memperkenalkan diri saya? Saya Tajudin.**
J	:	My name is John Miller. How do you do, Mr. Tajudin?	**Nama saya John Miller.** **Apa khabar Encik Tajudin?**

T	:	How do you do, Mr. Miller?	**Apa khabar Encik Miller?**
		I'm very glad to meet you.	**Saya sangat gembira berkenalan dengan kamu.**
J	:	So am I.	**Saya juga.**
		The Malaysian is very friendly.	**Orang Malaysia sangat ramah.**
J	:	Thani may I introduce you to Professor Kamal. He's my father.	**Thani, mari saya perkenalkan anda kepada Professor Kamal. Dia adalah ayah saya.**
J	:	How do you do, Professor?	**Apa khabar, Profesor?**
T	:	How do you do, Thani?	**Apa khabar, Thani?**
J	:	Am I disturbing you?	**Adakah saya mengganggu profesor?**
T	:	Not at all. Any friends of my son are most welcome. Please sit down.	**Sama sekali tidak. Semua kawan anak saya sangat saya alu-alukan. Silakan duduk.**
J	:	Thank you, Professor.	**Terima kasih, Profesor.**
T	:	Excuse me, Madam. May I know your name please?	**Maaf, bolehkah saya tahu nama Puan?**
J	:	Certainly, you may. My name is Julia. And you?	**Tentu, boleh. Nama saya Julia. Dan anda?**
T	:	I'm Thani. Where are you from?	**Saya Thani. Anda berasal dari mana?**
J	:	I'm from London, England.	**Saya dari London, England.**

T	:	How long have you been here?	**Sudah berapa lama anda di sini?**
J	:	I've been here for five days.	**Saya sudah di sini selama lima hari.**
T	:	By the way, how many times have you been here before?	**Oh ya! sudah berapa kali anda ke sini sebelumnya?**
J	:	It's the first coming. And you?	**Ini adalah yang pertama. Dan anda?**
T	:	Where do you stay here?	**Di mana anda tinggal di sini?**
J	:	In The Queen Hotel. It's eighty sen by bus. And you?	**Di The Queen Hotel. Hanya lapan puluh sen kalau naik bas. Dan anda?**
T	:	In a small resthouse located in a country-side.	**Di sebuah rumah rehat, di luar bandar.**
J	:	I'm really happy to make your acquitance.	**Saya sungguh gembira berkenalan dengan anda.**
T	:	It's a pleasure to meet you.	**Saya gembira bertemu dengan anda.**
J	:	Thanks for your hospitality.	**Terima kasih atas layanan baik anda.**
T	:	Well, I'm going now.	**Baiklah, saya hendak pergi sekarang.**
J	:	Why are you in hurry? Can't you stay any longer?	**Kenapa anda tergesa-gesa? Tidak bolehkah anda tinggal lebih lama sedikit?**
T	:	No, I have to go now. I'll be back to the resthouse.	**Tidak, saya harus pergi sekarang. Saya akan kembali ke rumah rehat.**

J	:	Will you be free this evening?	**Adakah anda lapang petang ini?**
T	:	Yes. I have no program?	**Ya. Saya tidak punya apa-apa rancangan.**
J	:	What's your hotel address?	**Bagaimana alamat hotel kamu?**
T	:	Let me jot down for you.	**Biarkan saya catatkan untuk kamu.**
J	:	Can I meet you this evening?	**Bolehkah saya bertemu kamu petang ini?**
T	:	Of course, with pleasure.	**Tentu, dengan senang hati.**
J	:	O.K. See you later.	**Baiklah, sampai bertemu lagi.**
T	:	Hello, Miss Dewi. How are you?	**Helo, Dewi. Apa khabar?**
J	:	You must be mistaken. My name's Laili.	**Anda silap. Nama saya Laili.**
T	:	I'm sorry. I think we have met before.	**Maaf, saya rasa kita pernah berjumpa.**
J	:	No, I don't think we have.	**Tidak, kita belum pernah berjumpa.**
T	:	Well, allow me to introduce myself. My name is John Smith.	**Baiklah, saya perkenalkan diri saya. Nama saya, John Smith.**
J	:	How do you do? I'm Laili Pratiwi.	**Helo, saya Laili Pratiwi.**
T	:	It is very nice to meet you Miss Pratiwi.	**Saya gembira dapat bertemu dengan Cik Pratiwi.**

J	:	Thank you, Mr. John. Good-bye.	**Terima kasih, Encik John. Selamat tinggal.**
T	:	John, this is Dewi.	**John, ini Dewi.**
J	:	How do you do, Dewi?	**Apa khabar Dewi?**
D	:	How do you do, John.	**Apa khabar, John?**
J	:	I'm glad to meet you, Dewi.	**Saya gembira dapat berkenalan dengan anda, Dewi.**
D	:	So am I.	**Begitu juga saya.**
J	:	Tan, is this your sister?	**Tan, adakah ini adik kamu?**
T	:	No, she is my wife.	**Bukan, dia adalah isteri saya.**
J	:	When did you marry her?	**Bilakah anda berkahwin?**
T	:	I married her last year.	**Saya berkahwin tahun lalu.**
J	:	I'm sorry. I don't know what about you anymore.	**Maaf. Saya tidak tahu lagi tentang anda.**
T	:	We have't seen for more than four years.	**Kita sudah tidak bertemu selama empat tahun lebih.**
D	:	Where do you stay here?	**Di mana anda tinggal di sini?**
J	:	In Park Royal Hotel.	**Di Hotel Park Royal.**
D	:	It's near our house. Would you come to visit us?	**Ia berdekatan dengan rumah kami. Sudikah anda mengunjungi kami?**
J	:	Of course, if I have a spare time.	**Tentu, kalau saya ada masa lapang.**
T	:	Well, see you next time.	**Baiklah, sampai berjumpa di lain masa.**

8. TIME, DAY AND DATE	WAKTU, HARI DAN TARIKH
A : What time is it?	**Pukul berapa sekarang?**
B : Its two o'clock sharp.	**Pukul dua tepat.**
It's one five	**Pukul satu lima minit**
It's five past one	**Pukul satu lima minit**
It's one forty-five	**Pukul satu empat puluh lima minit**
It's a quarter to two	**Pukul dua empat puluh lima.**
A : What time do you go to office?	**Pukul berapa kamu pergi ke pejabat?**
B : I go to office at seven a.m.	**Saya ke pejabat pukul tujuh pagi**
A : What time do you go home?	**Pukul berapa kamu pulang?**
B : I go home at a quarter past five p.m.	**Saya pulang pada pukul lima empat puluh.**
A : Is your watch correct?	**Adakah jam anda tepat?**
B : Sorry, my watch is late and sometimes fast.	**Maaf, jam saya lambat dan kadang kala cepat.**
A : Is your watch broken?	**Adakah jam kamu rosak?**
B : Yes, my watch is gaining five minutes and sometimes loosing five minutes.	**Ya, jam saya cepat lima minit dan kadang kala lambat lima minit.**

A	:	Does your watch keep time well?	**Adakah jam kamu sentiasa tepat?**
B	:	Of course. My watch is automatic. It doesn't need winding.	**Jam saya automatik. Tidak perlu diputar.**
A	:	That must be the best quality.	**Tentu berkualiti baik.**
		Where did you buy it?	**Di mana kamu membelinya?**
B	:	I bought it in Singapore, and it's made in France.	**Saya membelinya di Singapura dan jam ini buatan Perancis.**
		It's waterproof	**Ia kalis air**
		It's dustproof	**Ia kalis debu**
		It's fireproof	**Ia kalis api**
A	:	Is your watch also made of stainless steel?	**Adakah jam diperbuat daripada bahan anti karat?**
B	:	What time is it now?	**Pukul berapa sekarang?**
A	:	It's quarter past seven	**Pukul 7.15**
B	:	I'd better leave now I'm afraid I'll be late.	**Lebih baik saya pergi sekarang. Saya takut terlambat.**
A	:	Are you going by taxi?	**Adakah kamu akan pergi dengan teksi?**
B	:	No, I'm going by bus.	**Tidak, saya akan pergi dengan bas.**
A	:	Do you know what time the matinee show begins?	**Tahukah anda pukul berapa pertunjukan tengah hari dimulakan?**

		I think it begins at ten o'clock but sometimes at six thirty.	**Saya fikir pertunjukan akan bermula tepat pukul 10.00, tetapi kadang kala pukul 6.30 petang.**
B	:	Thank you.	**Terima kasih.**
A	:	Not at all.	**Sama-sama.**
B	:	Will you be busy on Friday, Ton?	**Adakah anda sibuk pada hari Jumaat, Ton?**
A	:	Yes, I've got an appointment in the afternoon. Why?	**Ya, saya ada janji temu pada sebelah petang. Kenapa?**
B	:	I'd like to ask you to go swimming at 10 o'clock in the morning.	**Saya ingin mengajak kamu pergi berenang pada pukul 10 pagi.**
A	:	I like swiming immensely I'll be glad to go with you.	**Saya amat suka berenang. Saya akan gembira pergi bersama kamu.**
B	:	Be ready by nine thirty, please.	**Bersiaplah pada pukul 9.30.**
A	:	Okay, I will.	**Baiklah.**
B	:	Can you come to my house at 9.00 a.m.?	**Bolehkah kamu datang ke rumah saya pada pukul sembilan pagi?**
A	:	Is there anything interesting?	**Adakah sesuatu yang menarik?**
B	:	Of course, you'll know it later.	**Tentu, anda akan tahu nanti.**
A	:	All right then, see you later.	**Baiklah, jika demikian kita bertemu lagi.**

B	:	Do you know the visiting hours in the hospital?	**Adakah anda tahu waktu melawat di hospital?**
A	:	I think it's from 4.30 to 6.30 p.m.	**Saya fikir dari pukul 4.30 hingga pukul 6.30 petang.**
B	:	What about on Sunday?	**Bagaimana pada hari Minggu?**
A	:	In the morning it's from 9.00 to 11.00 o'clock and in the afternoon it's as asual	**Pada pagi hari dari pukul 9.00 hingga pukul 11.00 dan pada tengah hari seperti biasa.**
B	:	Thanks for your information	**Terima kasih atas maklumat anda itu.**
A	:	Don't mention it	**Sama-sama.**
B	:	Let's prepare everything we haven't got much time.	**Mari kita siapkan segalagalanya, kita tidak ada banyak masa lagi.**
A	:	What time is it now?	**Sudah pukul berapa sekarang?**
B	:	It's nearly one o'clock.	**Hampir pukul satu.**
A	:	We've only a quarter of an hour left.	**Kita hanya ada masa suku jam saja.**
B	:	All right. I'll do it quickly.	**Baiklah. Saya akan buat dengan cepat.**
A	:	What day is today?	**Hari ini hari apa?**
B	:	It's Saturday. The bank will close at 12.30 noon.	**Hari Sabtu. Bank akan tutup pada pukul dua belas setengah tengah hari.**

A	:	You'll have to go to the bank right now?	**Anda harus pergi ke bank sekarang juga?**
B	:	All right. I won't be late.	**Baiklah. Saya tidak akan terlambat.**
A	:	Is it Friday today?	**Adakah hari ini hari Jumaat?**
B	:	Yes, it is. Why?	**Ya. Kenapa?**
A	:	I've to wear a batik dress for school today. Could you get it for me?	**Saya harus memakai baju batik ke sekolah hari ini. Boleh ambilkan baju itu untuk saya?**
B	:	Here you are.	**Ini bajunya.**
A	:	Thank you.	**Terima kasih.**
B	:	Do you remember that we have a meeting on the first Sunday of every month?	**Adakah kamu ingat bahawa kita ada pertemuan pada Minggu pertama setiap bulan?**
A	:	Oh, I almost forget.	**Oh, saya hampir lupa.**
B	:	So, you've to prepare the program we want to discuss.	**Jadi, anda harus sediakan program yang akan kita bincangkan.**
A	:	Yes I have to.	**Ya, mesti.**
B	:	Can you tell me what day yesterday was?	**Bolehkah kamu memberitahu saya, kelmarin hari apa?**
A	:	It was Monday, the first day of the week.	**Hari Isnin, hari pertama minggu ini.**
B	:	What was the day before yesterday?	**Hari apakah sebelum kelmarin?**

A	:	It was Sunday. It was a holiday.	**Hari Minggu. Hari rehat.**
B	:	You're right.	**Anda betul.**
A	:	What's the date today?	**Apakah tarikh hari ini?**
B	:	It's August the first.	**1 Ogos.**
A	:	It's my birthday.	**Hari ini adalah hari jadi saya.**
B	:	When were you born?	**Bilakah anda lahir?**
A	:	I was born on the first of August nineteen and sixty seven	**Saya lahir pada 1 Ogos 1967.**
B	:	Happy Birthday!	**Selamat Hari jadi!**
A	:	Thank you.	**Terima kasih.**
B	:	Do you know what date it will be tomorrow?	**Tahukah kamu tarikh hari esok?**
A	:	Sure, I know. It'll be thirty first of August.	**Tentu, saya tahu. Esok adalah 31 Ogos.**
B	:	Do you know what we're going to celebrate tomorrow?	**Adakah anda tahu apa yang akan kita rayakan besok?**
A	:	Yes, it's our independence day.	**Ya, esok adalah hari kemerdekaan kita.**
B	:	Everyone is busy for tomorrow.	**Setiap orang akan sibuk esok.**
A	:	What's the date tomorrow? Do you know?	**Apakah tarikh esok? Tahukah anda?**

B	:	I'm sorry. I have no calendar. Wait a minute, here's a newspaper. It will be October twenty-eight.	**Maafkan saya. Saya tidak ada kalender. Tunggu sebentar, ini ada suratkhabar. Esok adalah 28 Oktober.**
A	:	Thank you very much.	**Terima kasih banyak.**
B	:	You're welcome.	**Sama-sama.**
A	:	Do you know what we're celebrating today?	**Adakah anda tahu apa yang akan kita rayakan hari ini?**
B	:	What date is today?	**Berapa tarikh hari ini?**
A	:	It's the 31th of August.	**Hari ini adalah 31 Ogos.**
B	:	Oh, I remember. It's the independence of Malaysia.	**Oh, saya ingat. Ia adalah hari kemerdekaan Malaysia.**
A	:	That's right	**Betul.**
B	:	Can you tell me when is the company's meeting?	**Bolehkah anda memberitahu saya bilakah mesyuarat syarikat akan diadakan?**
A	:	It begins on October 18th.	**Ia akan dimulakan pada 18 Oktober.**
B	:	When will it be finished?	**Bilakah mesyuarat itu akan berakhir?**
A	:	It will be finished on October 27th.	**Ia akan berakhir pada 27 Oktober.**
B	:	What month is this?	**Bulan apa ini?**
A	:	This is August.	**Ini bulan Ogos.**

B :	What month is next month?	**Bulan apa bulan depan?**
A :	Next month is September.	**Bulan depan adalah bulan September.**
B :	What month was last month?	**Bulan apa bulan lepas?**
A :	Last month was July.	**Bulan yang lepas adalah bulan Julai.**
B :	Do you know when the fasting month is?	**Adakah kamu tahu bilakah bulan puasa?**
A :	Yes, but fasting month falls on different month of the solar year.	**Ya, tetapi bulan puasa jatuh pada bulan-bulan yang berbeza dari tahun suria.**
B :	Oh, I remember. Yes, I see. Sometimes it falls on August, September, October, November, December, etc.	**Oh, saya ingat. Saya tahu. Kadang-kadang jatuh pada bulan Ogos, September, Oktober, November Disember, dsb.**
A :	Fasting month depends on a lunar month.	**Bulan puasa bergantung atas bulan qamari.**

9. DAILY ACTIVITIES

KEGIATAN HARIAN

T	:	What time do you get up every day?	**Pukul berapa anda bangun setiap hari?**
J	:	I always get up at five o'clock. And you?	**Saya selalu bangun pukul lima. Dan kamu?**
T	:	I get p at four-thirty once in a while.	**Sesekali saya bangun pukul empat tiga puluh.**
J	:	What do you do after that?	**Apa yang kamu buat selepas itu?**
T	:	Taking a bath, having breakfast and then going to school.	**Mandi, bersarapan pagi dan kemudian ke sekolah.**
J	:	What about your father?	**Bagaimana dengan ayah kamu?**
T	:	He reads a newspaper or magazine before going to the office.	**Dia membaca suratkhabar atau majalah sebelum pergi ke pejabat.**
J	:	What time does your father get to work every day?	**Pukul berapa ayah kamu mulai bekerja setiap hari?**
T	:	He gets to work at half past eight but he leaves the house at eight sharp.	**Dia mulai bekerja pada 8.30 tetapi dia meninggalkan rumah tepat pukul 8.**
T	:	What time does your mother get up every day?	**Pukul berapa ibu kamu bangun setiap hari?**

J :	She gets up at a quarter past four.	**Dia bangun pada pukul empat lima belas minit.**
T :	What about your brother?	**Bagaimana dengan adik/ abang kamu?**
J :	He gets up a few minutes later than my mother do.	**Dia bangun beberapa minit selepas ibu saya bangun.**
T :	Do you have breakfast at home?	**Adakah anda bersarapan pagi di rumah?**
J :	Of course. My mother always prepares it in early morning.	**Tentu. Ibu saya selalu menyediakannya pada pagi-pagi lagi.**
T :	What time do you have breakfast?	**Pukul berapa anda bersarapan pagi?**
J :	I usually have breakfast at half past six.	**Saya biasanya bersarapan pagi pada pukul 6.30.**
T :	What time do you go out for lunch?	**Pukul berapa anda keluar untuk makan tengah hari?**
J :	I go out for lunch at about twelve thirty.	**Saya keluar untuk makan tengah hari pada pukul 12.30.**
T :	What time do you stop working?	**Pukul berapa kamu habis kerja?**
J :	I usually stop working at four thirty p.m. And you?	**Biasanya saya habis kerja pada pukul 4.30 petang. Dan anda?**
T :	I finish working at five o'clock.	**Saya habis bekerja pada pukul 5.**

J :	What time does your mother have dinner?	**Pukul berapa ibu kamu makan malam?**
T :	She eats dinner at seven or eight p.m.	**Dia makan malam pada pukul 7 atau 8 malam.**
T :	What does she do before eating dinner?	**Apa yang dia lakukan sebelum makan malam?**
J :	She wathces television for a while or reads female magazine.	**Dia menonton televisyen sebentar atau membaca majalah wanita.**
T :	I see.	**Oh, begitu.**
T :	What's Lili doing?	**Lili buat apa?**
J :	She's learning. She is reading her lesson right now.	**Dia sedang belajar. Dia sedang membaca buku pelajarannya sekarang.**
T :	Is she busy?	**Adakah dia sibuk?**
J :	Yes, she is always busy every evening.	**Dia selalu sibuk setiap malam.**
T :	Does she always review the lesson?	**Adakah dia selalu meng-ulangkaji pelajarannya?**
J :	Of course. She's a diligent student.	**Tentu. Dia adalah seorang pelajar yang rajin.**
T :	Where's your son?	**Di mana anak lelaki kamu?**
J :	He is going to the mosque.	**Dia pergi ke masjid.**
T :	Does he go the mosque every day?	**Adakah dia pergi ke masjid setiap hari?**
J :	Yes, he always go the mosque every afternoon.	**Ya, dia selalu pergi ke masjid setiap tengah hari.**

T	:	Can he read the Koran?	**Bolehkah dia membaca Al-Qur'an?**
J	:	Certainly, he can. He always reads the Koran at six p.m. until seven thirty p.m. every day.	**Tentu, dia boleh. Dia membaca Al-Qur'an dari pukul 6 hingga pukul 7.30 malam setiap hari.**
T	:	What does he do after coming home from the mosque?	**Apa yang dia lakukan selepas pulang dari masjid?**
J	:	He does his homeworks or prepare the lessons.	**Dia membuat kerja rumahnya atau mengulangkaji pelajaran.**
T	:	What do you do on Sunday?	**Apa yang kamu buat pada hari Minggu?**
J	:	I go to swimming pool.	**Saya pergi ke kolam renang.**
T	:	Do you swim every Sunday?	**Adakah kamu pergi berenang setiap Minggu?**
J	:	Yes, I swim once a week, on Sunday.	**Ya, saya pergi berenang sekali seminggu, pada hari Minggu.**
T	:	What do you do before going to swim?	**Apa yang kamu buat sebelum pergi berenang?**
J	:	Helping my mother to sweep the floor.	**Membantu ibu membersihkan lantai.**

10. FAMILY & RELATIVES	KELUARGA & SAUDARA-MARA
T : Who is the child playing ball?	**Siapa kanak-kanak yang sedang bermain bola itu?**
J : He is my nephew.	**Dia adalah anak saudara lelaki saya.**
T : How old is he?	**Berapa usianya?**
J : He'll be eight years old next month.	**Dia akan berusia lapan tahun bulan depan.**
T : And who is the child sitting down over there?	**Dan siapa kanak-kanak yang sedang duduk di sana?**
J : She is my niece.	**Dia anak saudara perempuan saya.**
T : She looks serious.	**Dia nampak serius.**
J : She likes to see the tv program, especially the cartoon films.	**Dia suka menonton T.V. khususnya filem-filem kartun.**
T : Oh, I see.	**Oh, begitu.**
T : Is your sister married?	**Kakak kamu sudah kahwinkah?**
J : Yes, but now she's widow.	**Ya, tetapi sekarang janda.**
T : Why?	**Kenapa?**
J : Her husband died three years ago.	**Suaminya meninggal dunia tiga tahun yang lalu.**

T	:	What about your brother?	**Bagaimana dengan abang kamu?**
J	:	He has been enganged for five months.	**Dia telah bertunang selama lima bulan.**
T	:	When will he get married?	**Bilakah dia akan kahwin?**
J	:	He'll get married next year after finishing his study.	**Dia akan berkahwin tahun depan selepas menghabiskan pengajiannya.**
T	:	How many brother do you have?	**Berapa saudara lelaki kamu ada?**
J	:	I have two brothers. They are Nazri and Nasir.	**Saya mempunyai dua saudara lelaki. Mereka adalah Nazri dan Nasir.**
T	:	Who's the younger one? Nazri is older than Nasir. Nasir is two years younger than Nazri.	**Siapa yang lebih muda? Nazri lebih tua daripada Nasir. Nasir dua tahun lebih muda daripada Nazri.**
T	:	What are their jobs?	**Apa pekerjaan mereka?**
J	:	Nasir is a barber. He cuts men hair.	**Nasir adalah tukang gunting. Dia mengunting rambut lelaki.**
T	:	What about Nazri? Nazri is an optician. He also sells glasses.	**Bagaimana dengan Nazri? Nazri seorang pakar optik. Dia juga menjual cermin mata.**
T	:	Are you related to Miss Lili?	**Adakah anda bersaudara dengan Cik Lili?**

J	:	Yes, sir. She is my cousin.	**Ya, encik. Dia adalah sepupu saya.**
T	:	How many nephews do you have?	**Berapa orang sepupu lelaki anda ada?**
J	:	I have two nephews.	**Saya mempunyai dua sepupu lelaki.**
		They are Ruby's sons.	**Mereka adalah anak-anak lelaki Ruby.**
T	:	Do you have niece?	**Adakah anda mempunyai sepupu perempuan?**
		Of course, I have. She is five years old. She is very funny.	**Tentu sekali ada. Dia berusia lima tahun. Dia sangat lucu.**
T	:	Excuse me, Johan. Do you know the girl wearing white T-shirt?	**Maafkan saya, Johan. Adakah kamu kenal gadis yang memakai baju-T putih itu?**
J	:	Of course. I know. She's my cousin.	**Tentu, saya kenal. Dia adalah sepupu saya.**
T	:	What beautiful girl she is!	**Betapa cantiknya gadis itu!**
		Can you tell what her name, please?	**Boleh beritahu saya siapa namanya?**
J	:	Her name is Lili.	**Namanya Lili.**
T	:	Is she married?	**Dia sudah kahwinkah?**
J	:	No, she's still single.	**Dia masih solo.**
T	:	So, am I. I'm a bachelor and she's a spinster.	**Saya juga. Saya bujang dan dia seorang anak dara.**

aunt	**emak saudara**
adopted-son	**anak angkat lelaki**
adopten-daughter	**anak angkat perempuan**
bridegroom	**pengantin lelaki**
bride	**pengantin perempuan**
father	**ayah/bapa**
fiance	**tunang lelaki**
fiancee	**tunang perempuan**
half-brother	**saudara lelaki seayah/seibu**
half-sister	**saudara perempuan se-ayah/seibu**
mother	**ibu**
son	**anak lelaki**
son-in-law	**menantu lelaki**
daughter	**anak perempuan**
daughter-in-law	**menantu perempuan**
brother	**saudara lelaki**
brother-in-law	**ipar lelaki**
sister	**saudara perempuan**
sister-in-law	**ipar perempuan**
uncle	**bapa saudara**
father-in-law	**ayah mertua**
mother-in-law	**ibu mertua**
grandfather	**datuk**
grandmother	**nenek**
grandchild	**cucu**
grandchildren	**cucu-cucu**
grandson	**cucu lelaki**
grand daughter	**cucu perempuan**
stepfather	**ayah tiri**
stepmother	**ibu tiri**
stepson	**anak tiri lelaki**

stepdaughter	**anak tiri perempuan**
stepbrother	**saudara tiri lelaki**
stepsister	**saudara tiri perempuan**
stepchild	**anak tiri**
family	**keluarga**
relatives	**kerabat, saudara**

11. OLD FRIEND		KAWAN LAMA
T	Hello, Johan!	**Helo, Johan!**
J	Hello, Tan. I'm happy to meet you again here.	**Helo, Tan. Saya gembira bertemu kamu sekali lagi di sini.**
T	What is your activity now, Johan?	**Apa aktiviti kamu sekarang?**
J	I'm a taxi driver.	**Saya menjadi pemandu teksi.**
	What about you?	**Bagaimana dengan kamu?**
T	I haven't finished my study yet.	**Saya belum menamatkan pengajian lagi.**
J	Why are you here?	**Kenapa kamu di sini?**
T	I'm enjoying my holidays.	**Saya menikmati percutian saya.**
T	Hello, Johan?	**Helo, Johan?**
J	Hello, Tan. I'm happy to meet you again here.	**Helo, Tan? Saya senang bertemu denganmu kembali di sini.**
T	So, am I.	**Begitu juga saya.**
J	Who's the girl standing your side?	**Siapa gadis yang berdiri di sampingmu itu?**
T	She is my closed friend. Her name is Alia.	**Dia kawan rapat saya. Namanya Alia.**
J	My name is Johan. Tan's old friend.	**Nama saya Johan, kawan lama, Tan.**

		I'm pleased to meet you, Alia.	**Saya gembira bertemu denganmu Alia.**
T	:	So am I. I's a pleasure to meet you, Johan.	**Begitu juga saya. Saya gembira sekali berkenalan dengan anda, Johan.**
T	:	We haven't met for tens year.	**Kita tidak bertemu selama sepuluh tahun.**
J	:	I'm very longing for you.	**Saya sangat merindukanmu.**
T	:	I want to see you but I don't know where you are.	**Saya ingin berjumpa kamu tetapi saya tidak tahu di mana kamu.**
J	:	By the way, how many children do you have?	**Oh ya, sudah berapa orang anak kamu?**
T	:	I haven't married yet.	**Saya belum kahwin.**
J	:	Have you finished your study?	**Sudah tamatkah pengajian kamu?**
T	:	Of course, I have.	**Tentu, sudah.**
J	:	Can you tell me what your activity now?	**Beritahu saya aktiviti kamu sekarang?**
T	:	I'm a teacher. I go to school to teach everyday. What about you?	**Saya seorang guru. Saya ke sekolah untuk mengajar setiap hari. Bagaimana dengan kamu?**
J	:	I'm a banker.	**Saya seorang pegawai bank.**
T	:	Excuse me, Sir? Are you, Johan?	**Maafkan saya, encik. Adakah anda, Johan?**

J	:	Yes, and you?	**Ya, dan anda?**
T	:	Don't you remember me?	**Apakah kamu sudah tidak ingat saya?**
J	:	Who are you?	**Siapa kamu?**
T	:	We're in the same class when we're in Secondary School.	**Kita di kelas yang sama ketika kita dalam sekolah menengah dahulu.**
J	:	Are you, Tan?	**Adakah kamu, Tan?**
T	:	You're right.	**Anda betul.**
J	:	Oh, Tan! It's a pleasure to meet you in my homeland. Why are you here? I spend my holidays.	**Oh, Tan! Gembira sekali dapat bertemu dengan kamu di tanah air saya.** **Kenapa kamu di sini?** **Saya sedang bercuti.**
T	:	What have you been doing with yourself?	**Apa yang kamu buat selama ini?**
J	:	My parents took me back home to Singapore.	**Orang tua bawa saya pulang di Singapura.**
T	:	No wonder I haven't seen you around.	**Patutlah lama saya tidak pernah bertemu kamu.**
J	:	How is everyone?	**Apa khabar semuanya?**
T	:	Just fine, thank you.	**Baik-baik saja, terima kasih.**
T	:	Hi, Johan!	**Hai, Johan!**
J	:	Hi, Tan!	**Hai, Tan!**
T	:	I'm very glad to see you.	**Saya sangat gembira bertemu kamu.**

J	:	Thank you. How are you, Johan?	**Terima kasih. Bagaimana dengan kamu, Johan?**
T	:	Very well. And you?	**Baik sekali. Dan kamu?**
J	:	I'm very fine too.	**Saya pun baik juga.**
T	:	I haven't seen you for a long time. Where were you? Have you been away?	**Saya sudah lama tidak bertemu kamu. Di mana kamu? Adakah kamu pergi jauh?**
J	:	Yes, I have been to Australia for three years.	**Ya, saya telah pergi ke Australia selama tiga tahun.**
T	:	What did you do there?	**Apa yang kamu buat di sana?**
J	:	I continued my study there.	**Saya melanjutkan pelajaran di sana.**
T	:	I see.	**Oh, begitu.**
T	:	Hello, Jun.	**Helo, Jun.**
J	:	Hello, Tina.	**Helo, Tina.**
T	:	I haven't seen you for ages. It's about nine years, isn't it?	**Sudah lama tidak berjumpa kamu. Ya, kira-kira sembilan tahun, bukan?**
J	:	Yes, I believe so.	**Ya, saya kira begitu.**
T	:	Well, how have you been?	**Baiklah, apa khabar kamu selama ini?**
J	:	Pretty well, thank you. And you?	**Baik-baik saja. Dan kamu?**
T	:	I've been fine, thanks.	**Saya sihat, terima kasih.**
J	:	It's really nice to see you again, Tina.	**Sungguh gembira dapat bertemu kamu kembali.**

T :	I'm glad to meet you again, too.	**Saya juga gembira berjumpa kamu lagi.**
J :	Well, I'd better be on my way.	**Baiklah saya pergi dulu.**
T :	O.K. Please come over when you have time, Jun.	**Baiklah. Datanglah ke rumah jika kamu ada masa.**

12. MARRIAGE		PERKAHWINAN
T	Have you heard that the only daughter of Mr. Rahmat will be married next month?	**Adakah kamu sudah mendengar berita bahawa anak perempuan tunggal Encik Rahmat akan berkahwin bulan depan?**
J	No. Not yet. Who's she?	**Tidak. Belum lagi. Siapa dia?**
T	She is Lili.	**Dia adalah Lili.**
J	Is it true?	**Benarkah?**
T	Certainly, It's true.	**Ya, ia benar.**
J	If I am not mistaken, Mr. Rahmat daughter is still studying economics at the Harvard University.	**Kalau tidak silap saya, anak Encik Rahmat masih belajar ekonomi di Universiti Harvard.**
T	Yes, but she's graduated three months ago.	**Ya, tetapi dia sudah mendapat ijazahnya tiga bulan yang lalu.**
J	Oh, I see.	**Oh, begitu.**
T	Recently she came back home to Kuala Lumpur for her marriage.	**Baru-baru ini dia pulang ke Kuala Lumpur untuk melangsungkan perkahwinannya.**
T	Are you married, Johan.	**Anda sudah kahwinkah Johan?**
J	Yes, I am.	**Ya, sudah.**

T	:	How many children do you have?	**Kamu sudah mempunyai berapa orang anak?**
J	:	I have no children yet.	**Saya belum mempunyai anak.**
		What about you?	**Bagaimana dengan anda?**
T	:	I have two sons and a daughter.	**Saya mempunyai dua anak lelaki dan seorang anak perempuan.**
J	:	I think that's enough.	**Saya fikir, itu sudah cukup.**
T	:	Of course. My wife doesn't want to have a child anymore.	**Tentu. Isteri saya tidak mahu mempunyai anak lagi.**
T	:	How old are you?	**Berapa usia kamu?**
J	:	I'm twenty two years old.	**Saya berusia dua puluh dua tahun.**
T	:	Are you going to get married soon?	**Adakah kamu akan berkahwin tidak lama lagi?**
J	:	No, I don't think I'm old enough to be married.	**Tidak. Saya fikir belum masanya saya kahwin.**
T	:	Have you finished your study?	**Adakah kamu sudah tamat belajar?**
J	:	No, I haven't. That's the problem. I Have to finished my study first.	**Belum. Itulah masalahnya. Saya harus tamatkan pengajian saya dahulu.**
T	:	Oh, it's too long to wait.	**Oh, terlalu lama untuk menunggunya.**
J	:	It doesn't matter.	**Tidak mengapa.**

T	:	Where were you last night? I called you but nobody answered.	**Di mana kamu malam tadi? Saya memanggilmu, tapi tidak ada yang menjawab.**
J	:	I'm sorry. I was not home last night.	**Maaf, saya tidak ada di rumah malam tadi.**
T	:	Where did you go?	**Kamu pergi ke mana?**
J	:	I went to attend a wedding party.	**Saya pergi menghadiri majlis perkahwinan.**
T	:	Who did get married last night?	**Siapa yang kahwin semalam?**
J	:	Osman and Aminah.	**Osman dan Aminah.**
T	:	Where was the party?	**Di mana majlis itu?**
J	:	At the Town Hall.	**Di Dewan Bandaran.**
T	:	How long did the party last?	**Berapa lama majlis itu berlangsung?**
J	:	The party lasted for about three hours.	**Majlis berlangsung kira-kira tiga jam.**
T	:	How many time have you been married?	**Sudah berapa kali kamu telah berkahwin?**
J	:	I've been married twice.	**Saya sudah berkahwin dua kali.**
		And you?	**Dan kamu?**
T	:	Only once. I hope it's the first and the last marriage. Once forever.	**Hanya sekali. Saya berharap perkahwinan ini adalah yang pertama dan yang terakhir. Sekali untuk selamanya.**

T	:	Are you happy with your second wife?	**Adakah kamu bahagia dengan isteri kedua?**
J	:	Of course. We are always happy.	**Tentu. Kami selalu bahagia.**
T	:	How can it be?	**Bagaimana boleh begitu?**
J	:	Well, my first wife died four years ago and I got married again with a young widow last year.	**Baiklah, isteri saya yang pertama meninggal empat tahun yang lalu dan saya berkahwin lagi dengan seorang janda muda tahun lalu.**
T	:	I see.	**Oh, begitu.**
T	:	Do you know when Razak and Yati are going to get married?	**Adakah kamu tahu bila Razak dan Yati kahwin?**
J	:	I don't know exactly. But they've ever said to me that they will get married as soon as they finish their study.	**Saya tidak tahu sebenarnya. Tetapi mereka pernah memberitahu saya, mereka mahu segera berkahwin setelah tamat persekolahannya.**
T	:	I imagine that they will be very happy.	**Saya percaya mereka akan berbahagia.**
J	:	Why do you think so?	**Kenapa kamu berpendapat demikian?**
T	:	Well, just imagine that they've got full graduated and they're rich.	**Ya, cuba bayangkan, mereka sama-sama berijazah dan mereka kaya.**

J	:	It's not sure yet. Happines has nothing to do with education and money.	**Belum tentu. Kebahagiaan tidak berkaitan dengan pendidikan dan wang.**
T	:	But education make someone getting a job easily. And, job will give us a lot of money.	**Tetapi pendidikan membuat seseorang mudah mendapat kerja. Dan, pekerjaan akan memberi kita banyak wang.**
J	:	Yes, but more rich does't mean more happy.	**Ya, tetapi lebih kaya tidak bererti lebih bahagia.**
T	:	Why? Money will help us to get some happiness.	**Kenapa? Wang membantu kita mendapatkan kebahagiaan.**
J	:	Happiness is the state of mind. It's the question of heart. You will always feel happys as long as your heart is happy.	**Kebahagiaan adalah soal keadaan jiwa. Kebahagiaan adalah soal hati. Kamu akan selalu merasa bahagia selama hati kamu bahagia.**
J	:	Are you married, Tan?	**Adakah kamu sudah berkahwin, Tan?**
T	:	No, I'm single. I don't understand why I'm scared to get married.	**Belum, saya masih bujang. Saya tidak tahu mengapa saya takut untuk kahwin.**
J	:	You're already twenty five. Don't be afraid. I'll help you out if you are in difficulties.	**Kamu sudah berusia 25 tahun. Jangan takut. Saya akan membantu jika kamu mendapat kesulitan.**
T	:	Thank you very much for your kindness.	**Terima kasih banyak atas kebaikan kamu.**

T	:	How many children do you have?	**Berapa orang anak kamu ada?**
J	:	Oh! We haven't got any children yet. We got married just six months ago.	**Oh, kami belum mempunyai anak. Kami baru berkahwin enam bulan yang lalu.**
T	:	I see. I hope you'll get one next year.	**Oh, begitu. Saya berharap kamu akan mempunyai anak tahun depan.**
J	:	I hope so. Thank you.	**Mudah-mudahan. Terima kasih.**
		What about you?	**Bagaimana kamu?**
T	:	I've got two children. The first one got married three years ago and the second will be married next month.	**Saya mempunyai dua anak. Yang pertama sudah berkahwin tiga tahun lalu dan yang kedua akan berkahwin bulan depan.**
T	:	How old is your eldest son?	**Berapa usia anak kamu yang sulung?**
J	:	He's fifteen years old.	**Dia berusia lima belas tahun.**
T	:	How old are you now?	**Berapa usia kamu sekarang?**
J	:	Now, I'm forty two years.	**Sekarang saya berusia empat puluh dua tahun.**
T	:	So, how old were you when you got married?	**Jadi, berapa usia anda ketika berkahwin?**
J	:	I was twenty six then.	**Ketika itu saya berusia dua puluh enam tahun.**
T	:	How lucky you are.	**Alangkah beruntungnya kamu.**

13. AT THE OFFICE

DI PEJABAT

T	Good morning, Jamil	**Selamat pagi, Jamil.**
J	Good morning, sir. What can I do for you?	**Selamat pagi, encik. Boleh saya bantu?**
T	Write a letter to Mr. Fuad that we've received his last package.	**Tulis sepucuk surat kepada En. Fuad bahawa kita telah menerima kirimannya yang terakhir.**
J	Is that all?	**Itu saja?**
T	Don't forget to send my regards. After finishing, bring it to me. I'll sign it.	**Jangan lupa sampaikan salam saya. Setelah selesai, bawa surat itu kepada saya. Saya akan menandatanganinya.**
J	When will it be sent?	**Bila hendak dikirim?**
T	It must be sent today.	**Surat itu harus dikirim hari ini.**
J	Yes, sir.	**Baik, encik.**
T	Please get the foreign affair file, will you?	**Tolong ambilkan saya fail urusan luar negeri.**
J	Certainly, sir. Here you are.	**Baik, tuan. Ini dia.**
T	Now, please type five copies of this letter and send them to all branch managers.	**Sekarang taip lima salinan surat ini dan kirimkan semua kepada para pengurus cawangan.**

J	:	Can I write by typewriter?	**Bolehkah saya menulis dengan mesin taip?**
T	:	No, you've to type it by computer.	**Tidak, kamu harus menaip surat itu dengan komputer.**
J	:	All right, sir.	**Baik, tuan.**
T	:	Hello, Jamil. Have you done what I told you to do yesterday?	**Helo, Jamil. Sudahkah kamu buat apa yang saya suruh kelmarin?**
J	:	Of course, I have.	**Tentu, sudah.**
T	:	Let me see.	**Biar saya lihat.**
J	:	Here you are, sir.	**Ini, tuan.**
T	:	Good, now please collect all the daily reports of every section and bring them to me.	**Bagus, sekarang kumpulkan semua laporan harian dari setiap bahagian dan bawa kepada saya.**
T	:	All right, sir.	**Baik, tuan.**
T	:	Jamaliah, please write a letter to the provincial tourism office to thank for the books he sent us last week.	**Jamaliah, tolong tuliskan surat ke pejabat pelancongan daerah untuk mengucapkan terima kasih atas kiriman buku-bukunya kepada kita minggu lalu.**
J	:	Yes, sir. But, we have no printer ribbon at all.	**Baik, tuan. Tetapi kita sudah kehabisan reben mesin pencetak.**
T	:	Please buy the ribbon first and then type the letter. How much is it?	**Pergi beli reben itu dulu kemudian baru taip surat. Berapa harganya?**

J	:	Eight ringgit.	**Lapan ringgit.**
T	:	Here's the money. Take the change for you.	**Ini wangnya. Ambil wang bakinya untuk kamu.**
J	:	Thank you, sir.	**Terima kasih, tuan.**
T	:	Don't forget to phone me after finishing it. We'll have our lunch at Rasa Sayang Restaurant.	**Jangan lupa telefon saya setelah selesai. Kita akan makan tengah hari di Restoran Rasa Sayang.**
J	:	All right, sir.	**Baik, tuan.**
T	:	I'll going to attend the meeting upstairs and I don't want to be disturbed.	**Saya mahu menghadiri mesyuarat di tingkat atas dan saya tidak mahu diganggu.**
J	:	In case it is very important what should I do, sir?	**Sekiranya sangat penting, apa yang seharusnya saya lakukan, tuan?**
T	:	Tell them to wait, I won't be long or ask them to leave a message.	**Suruh mereka tunggu, saya tidak lama atau minta mereka meninggalkan pesan.**
J	:	All right, sir.	**Baik, tuan.**
T	:	Good afternoon, Madam.	**Selamat tengah hari, puan.**
J	:	Good afternoon. Please bring me the visitor's book, will you?	**Selamat tengah hari. Tolong bawakan buku pelawat.**
T	:	Here's the book, madam.	**Ini bukunya, puan.**
J	:	Now, check it and find out when Mr. Guna visited us the last time.	**Sekarang periksa bila En. Guna terakhir sekali datang melawat kita.**

T	:	It's on Tuesday, the 27th of August.	**Pada hari Selasa, 27 Ogos.**
J	:	Well, please go to Social Agency and ask Mr. Guna for the books written on this letter.	**Baiklah, pergilah ke Agensi Sosial dan minta En. Guna buku-buku yang tertulis dalam surat ini.**
T	:	Okay, sir. I'll go right away.	**Baik, tuan. Saya akan pergi secepatnya.**
T	:	Good morning, madam.	**Selamat pagi, puan.**
J	:	Good morning. What can I do for you?	**Selamat pagi. Boleh saya bantu?**
T	;	Is Miss Jamaliah in?	**Cik Jamaliah ada?**
J	:	Yes, she is.	**Ya, dia ada.**
T	:	Can I meet her?	**Bolehkah saya berjumpa dengannya?**
J	:	Wait a moment, please. I'll tell her. What's your name?	**Sila tunggu sebentar. Saya akan beritahu dia. Siapa nama anda?**
T	:	I'm her closed friend. My name is Tan.	**Saya teman baiknya. Nama saya Tan.**
J	:	I'll go and see her soon.	**Saya akan segera memberitahunya.**
T	:	Thank you.	**Terima kasih.**
J	:	You're welcome.	**Sama-sama.**

14. TELEPHONE		TELEFON
T	: What will you do, Jaafar?	**Apa yang hendak kamu buat Jaafar?**
J	: I want to see Dewi this afternoon but I have no time at all.	**Saya ingin bertemu Dewi tengah hari ini tetapi saya langsung tidak ada masa.**
T	: Are you busy?	**Adakah kamu sibuk?**
J	: Yes. So, I'd like to make a telephone call. May I use your telephone?	**Ya. Oleh itu saya mahu menelefon. Bolehkah saya menggunakan telefon kamu?**
T	: Yes, please do.	**Ya, silakan.**
T	: Excuse me, Jaafar. Do you remember what the telephone number of Laila's office.	**Maaf, Jaafar. Adakah anda ingat nombor telefon pejabat Laila?**
J	: Of course. Seven-five-seven-three-zero-five-one.	**Tentu. 7573051.**
T	: Pardon? Repeat once again.	**Maaf? Ulangi sekali lagi.**
J	: Seven-five-seven-three-zero-five-one. Please dial the correct number.	**7573051.** **Tolong dail nombor yang betul.**
T	: Good evening, madam.	**Selamat petang, puan.**
J	: Good evening. Who is this speaking, please?	**Selamat petang. Siapa yang bercakap ini?**

T	:	I'm Tan, madam.	**Saya Tan, puan.**
J	:	Sorry, I don't know who you are. You may dial the wrong number.	**Maaf, Saya tidak tahu siapa anda. Anda mungkin salah nombor.**
T	:	No, madam. I'm Laila's new friend. May I speak to her?	**Tidak, puan. Saya teman baru Laila. Boleh saya bercakap dengannya?**
J	:	A moment, please. I'll call her for you. Hold the line, please.	**Tunggu sebentar. Saya akan panggil dia. Pegang dulu telefonnya.**
T	:	Thank you, madam.	**Terima kasih, puan.**
J	:	Don't mention it.	**Sama-sama.**
T	:	Hello, It is six-one-six-one-nine-zero-seven?	**Helo, adakah ini 6161907?**
J	:	Yes, that's right. Who's calling?	**Ya, benar. Siapa ini?**
T	:	Tan, speaking. Can I speak to Nani please?	**Tan, di sini. Bolehkah saya bercakap dengan Nani?**
J	:	Certainly, you can. Would you hold on a moment, please?	**Tentu, boleh. Tunggu sebentar.**
T	:	Sure, thanks.	**Ya, terima kasih.**
T	:	May I speak to Mr. Johan?	**Boleh saya bercakap dengan Encik Johan?**
J	:	Sorry, I can't hear you. Please speak a little louder.	**Maaf, Saya tidak dapat dengar anda. Tolong bercakap kuat sedikit.**
T	:	Is Mr. Johan available?	**Encik Johan ada?**

J	:	This is Noni's speaking. Mr. Johan is not available at the moment. May I tell him who called?	**Yang bercakap ini Noni. Encik Johan tidak ada buat masa ini. Boleh saya beritahu kepadanya siapa yang menelefon?**
T	:	My name is Tan.	**Nama saya Tan.**
J	:	Can I have your telephone number, please?	**Boleh saya tahu nombor telefon anda?**
T	:	Certainly, you can. My telephone number is 8067122.	**Tentu, boleh. Nombor telefon saya adalah 8067122.**
J	:	Is there a message?	**Ada pesan?**
T	:	Tell him that I've called.	**Katakan padanya bahawa saya telefon.**
J	:	Anything else, sir?	**Ada pesanan lain, encik?**
T	:	No, thank you.	**Tidak, terima kasih.**
T	:	May I use your phone, Johan?	**Bolehkah saya gunakan telefon kamu, Johan?**
J	:	Sure, go ahead.	**Silakan.**
T	:	Lend me your telephone directory, please.	**Pinjamkan saya buku panduan telefon kamu.**
J	:	Here you are.	**Ini dia.**
T	:	Whom do you want to talk to, Johan?	**Kamu mahu telefon siapa, Johan?**
J	:	My old friend, Nani. Thanks for your telephone Tan.	**Teman lama saya, Nani. Terima kasih kerana meminjamkan telefon kamu Tan.**

T	:	Not at all.	**Sama-sama.**
T	:	This Mr. Wong of the Merdeka Company. May I speak to Mr. Rahman?	**Ini Encik Wong dari Perusahaan Merdeka. Boleh saya bercakap dengan Encik Rahman?**
J	:	Mr. Rahman office, Miss Rozita speaking. Sorry, Mr. Wong. He is out of town for a few days.	**Ini pejabat Encik Rahman, Rozita bercakap. Maaf, Encik Wong. Dia sedang berada luar bandar selama beberapa hari.**
T	:	Do you know when he will be back to the office?	**Anda tahu bila dia akan kembali ke pejabat?**
J	:	Next Monday, sir. May I help you?	**Isnin minggu hadapan, encik. Boleh saya tolong?**
T	:	No, I'll call back next Monday.	**Tidak perlu. Saya akan menelefon kembali Isnin minggu hadapan.**
J	:	Thank you, sir. I'll tell Mr. Rahman to expect your call.	**Terima kasih, encik. Saya akan beritahu Encik Rahman.**
T	:	Hi, Johan!	**Hai, Johan!**
J	:	Hi, Tan!	**Hai, Tan!**
T	:	I'm very glad to see you.	**Saya sangat gembira dapat bertemu kamu lagi.**
J	:	Thank you. How are you, Johan?	**Terima kasih. Bagaimana dengan kamu?**
T	:	Very well, And you?	**Baik sekali. Dan kamu?**
J	:	I'm very fine too.	**Saya pun begitu juga.**

T	:	I haven't seen you for a long time. Where were you? Have you been away?	**Saya sudah lama tidak bertemu kamu. Di mana kamu? Adakah kamu pergi jauh?**
J	:	Yes, I have been to Australia for three years.	**Ya, saya telah pergi ke Australia selama tiga tahun.**
T	:	What did you do there?	**Apa yang kamu buat di sana?**
J	:	I continued my study there.	**Saya melanjutkan pelajaran di sana.**
T	:	I see.	**Oh, begitu.**
T	:	Hello, Liza.	**Helo, Liza.**
J	:	Hello, Tina.	**Helo, Tina.**
T	:	I haven't seen you for ages. It's about nine years, isn't it?	**Sudah lama betul tidak berjumpa anda. Ya, kira-kira sembilan tahun, bukan?**
J	:	Yes, I believe so.	**Ya, saya kira begitu.**
T	:	Well, how have you been?	**Baiklah, bagaimana khabar kamu selama ini?**
J	:	Pretty well, thank you. And you?	**Baik-baik saja. Dan anda?**
T	:	I've been fine, thanks.	**Saya pun begitu juga.**
J	:	It's really nice to see you again, Tina.	**Sungguh menggembirakan kerana bertemu kamu kembali.**
T	:	I'm glad to meet you again, too.	**Saya juga gembira berjumpa kamu lagi.**

J	:	Well, I'd better be on my way.	**Baiklah, saya pergi dulu.**
T	:	O.K. Please come over when you have time, Liza.	**Baiklah. Datanglah ke rumah kalau kamu ada masa, Liza.**

15. TALKING ABOUT LANGUAGES	BERCAKAP TENTANG BAHASA
T : Excuse me, madam. Do you understand Russian?	**Maafkan saya, puan. Adakah anda pandai berbahasa Rusia?**
J : No, I don't.	**Tidak.**
T : Can you speak English?	**Anda boleh berbahasa Inggeris?**
J : Yes, but a little. Please speak more slowly.	**Ya, tapi hanya sedikit. Bercakaplah lebih perlahan.**
T : Do I talk too fast?	**Adakah saya bercakap terlalu cepat?**
J : Yes. I can't make you out.	**Ya. Saya tidak faham anda.**
T : Well, I'll speak slowly.	**Baiklah, saya akan bercakap dengan perlahan.**
T : Do you speak Dutch?	**Anda boleh berbahasa Belanda?**
J : No, I don't but I understand a little.	**Tidak, tetapi saya boleh memahaminya sedikit.**
T : What about your brother?	**Bagaimana dengan abang anda?**
J : He can't speak Dutch at all but he speaks Japanese fluently.	**Dia tidak boleh berbahasa Belanda tetapi dia pandai berbahasa Jepun.**
T : Where does he learn Japanese?	**Di mana dia belajar Bahasa Jepun?**

J	:	He learns it in Kusukai Japanese Course.	**Dia mengambil Kursus Bahasa Jepun Kusukai.**
T	:	I see. What about your father?	**Oh, begitu. Bagaimana dengan ayah anda?**
J	:	My father speaks Dutch well. He usually speaks Dutch with my mother at home.	**Ayah saya boleh berbahasa Belanda dengan baik. Dia biasanya berbahasa Belanda dengan ibu di rumah.**
T	:	Hello, John. What are you doing now?	**Helo, John. Anda buat apa sekarang?**
J	:	I'm listening to the tape-recorder.	**Saya sedang mendengar perakam pita.**
T	:	Do you have a new cassette?	**Anda ada kaset baru?**
J	:	Yes, I have. It does't contain of songs but French lessons.	**Ya, saya ada. Kaset ini tidak mengandungi lagu-lagu tetapi pelajaran bahasa Perancis.**
T	:	So, you can learn French by yourself?	**Jadi kamu boleh belajar bahasa Perancis sendiri?**
J	:	Certainly, I can.	**Tentu, boleh.**
T	:	Where did you buy the cassettes?	**Di mana kamu membelinya?**
J	:	My father got them from the French Embassy in Singapore last week.	**Ayah saya mendapatkannya dari Kedutaan Perancis di Singapura minggu lalu.**
T	:	Where do you learn English?	**Di manakah kamu belajar Bahasa Inggeris?**

J	:	I learn English in campus.	**Saya belajar bahasa Inggeris di kampus.**
T	:	Are you an English student?	**Adakah kamu mahasiswa bahasa Inggeris?**
J	:	Yes, I join the English Department at Malaya University?	**Ya, saya masuk jurusan Bahasa Inggeris di Universiti Malaya.**
T	:	Is there an English lecturer in you campus?	**Adakah pensyarah Inggeris di kampusmu?**
J	:	Of course. She's Marry Collins. She comes from London.	**Tentu. Dia adalah Marry Collins. Dia berasal dari London.**
T	:	What will you do after finishing your study?	**Apa yang akan anda buat setelah selesai pengajian nanti?**
J	:	I'll be a teacher or a guide.	**Saya mahu jadi guru atau jurubahasa.**
T	:	How many languages do you speak?	**Anda boleh bertutur berapa bahasa?**
J	:	I speak three languages.	**Saya boleh bertutur tiga bahasa.**
T	:	What are they?	**Apa dia?**
J	:	Malay, Chinese and English.	**Bahasa Melayu, Cina dan Inggeris.**
T	:	Which language do you speak as your daily communication?	**Bahasa mana yang kamu gunakan dalam komunikasi sehari-hari.**

J	:	I think it depends on situation and condition.	**Saya rasa ia bergantung kepada situasi dan keadaan.**
T	:	What you mean?	**Maksud anda?**
J	:	I always speak Malay at home but I use English at office. What about you?	**Saya selalu berbahasa Melayu di rumah tetapi saya gunakan Bahasa Inggeris di pejabat. Bagaimana dengan anda?**
T	:	I speak only Malay, English and a little Chinese.	**Saya hanya boleh berbahasa Melayu, Inggeris dan sedikit Bahasa Cina.**
T	:	Does your father speak English?	**Adakah ayah anda boleh berbahasa Inggeris?**
J	:	Yes, he does. He speaks English with an Australian accent.	**Ya, dia boleh berbahasa Inggeris dengan loghat Australia.**
T	:	Well, what's your father's mother tongue?	**Baik, apakah bahasa ibunda ayah anda?**
J	:	His mother tongue is Australian.	**Bahasa ibundanya adalah bahasa Australia.**
T	:	Is it Australias–English?	**Adakah ia Inggeris Australia.**
J	:	Yes, it's.	**Ya.**
T	:	Do you have trouble in Arabic?	**Adakah anda menghadapi kesulitan dalam berbahasa Arab?**

J	:	Yes, I do. Arabic is more difficult than English, Japanese or French.	**Ya, ada. Bahasa Arab lebih susah daripada Bahasa Inggeris, Jepun atau Perancis.**
T	:	What's the trouble?	**Apa masalahnya?**
J	:	Sometimes I make mistakes in pronunciation and structure.	**Kadang-kadang saya buat kesalahan dalam pengucapan dan susunan ayat.**
T	:	How long have you been studying Arabic?	**Sudah berapa lama anda belajar Bahasa Arab?**
J	:	I've been studying it for about three years.	**Saya telah mempelajari lebih kurang tiga tahun.**
T	:	Excuse me, sir. Can you speak Japanese?	**Maaf, encik. Bolehkah anda berbahasa Jepun?**
J	:	Yes, but a little. I haven't spoken Japanese for a long time.	**Ya, tetapi sedikit. Saya sudah lama tidak bercakap Bahasa Jepun.**
T	:	Where you learn it?	**Di mana anda mempelajarinya?**
J	:	I learn it when I was in Elementary School during the Japanese occupation.	**Saya mempelajarinya di sekolah rendah semasa pendudukan Jepun.**
T	:	Oh, I see.	**Oh, begitu.**
T	:	Can you speak Spanish?	**Bolehkah anda berbahasa Sepanyol?**
J	:	Yes, I speak Spanish perfectly.	**Ya, saya boleh berbahasa Sepanyol dengan sempurna.**

T	:	Do you often read the Spanish books?	**Adakah anda sering membaca buku-buku Sepanyol?**
J	:	Of course. I don't like to read the Spanish books only but also see the Spanish films.	**Tentu. Saya tidak hanya suka membaca buku-buku Sepanyol tetapi juga menonton filem-filemnya.**
T	:	Do you know which the most popular language in the world?	**Adakah anda tahu bahasa mana yang paling popular di dunia?**
J	:	Yes, It's, of course, English.	**Ya. Tentu Bahasa Inggeris.**
T	:	The others?	**Lainnya?**
J	:	Chinese, French, Arabic, Dutch, German, Russian, Japanese and Italian.	**Bahasa Cina, Perancis, Arab, Belanda, Jerman, Rusia dan Itali.**
T	:	Do you read and write Japanese?	**Adakah anda boleh membaca dan menulis Bahasa Jepun?**
J	:	Certainly, I do. But I sometimes make some mistakes in grammar.	**Tentu. Tetapi kadang-kadang saya membuat beberapa kesalahan dalam tatabahasa.**

16. GOING TO SCHOOL

PERGI KE SEKOLAH

T	Where are you going, Hamid?	**Kamu mahu pergi ke mana, Hamid?**
J	I am going to school.	**Saya mahu ke sekolah.**
T	Where do you study?	**Di mana kamu belajar?**
J	I study at High School, Kajang.	**Saya belajar di Sekolah Tinggi Kajang.**
T	How do you go to school?	**Bagaimana kamu pergi ke sekolah?**
J	I sometimes go on foot and by bicycle.	**Kadang-kadang saya jalan kaki dan kadang-kadang naik basikal.**
T	How far is it from your house?	**Berapa jauhnya sekolah dari rumah kamu?**
J	It's about one kilometer.	**Kira-kira satu kilometer.**
T	How old are you, Hamid?	**Berapa usia kamu, Hamid?**
J	I'm sixteen years old.	**Saya berusia enam belas tahun.**
T	Are you in Form Three?	**Adakah anda dalam Tingkatan Tiga?**
J	No, I'm in the Form Four.	**Tidak, saya sekarang dalam Tingkatan Empat.**
T	You must be a clever student.	**Anda mesti murid yang pandai.**

J	:	Certainly. I always get first or the second in the exam.	**Tentu. Saya selalu mendapat tempat pertama atau kedua dalam peperiksaan.**
T	:	When did you start going to school?	**Bilakah kamu mulai masuk sekolah?**
J	:	I started going to school when I was five.	**Saya mulai ke sekolah ketika berusia lima tahun.**
T	:	I see.	**Oh, begitu.**
J	:	Did you study very hard last night?	**Adakah kamu tekun belajar semalam?**
T	:	Yes, I did. I'm going to have a test this morning.	**Ya, kerana saya ada ujian pagi ini.**
J	:	Is it the second semester test?	**Adakah ia ujian semester kedua?**
T	:	Yes, that's right.	**Ya, benar.**
J	:	Good luck.	**Semoga berjaya.**
T	:	Thank you.	**Terima kasih.**
J	:	And may God bless you.	**Dan semoga Tuhan memberkati kamu.**
T	:	How many pairs of uniforms do you have?	**Berapa pasang pakaian seragam sekolah yang kamu ada?**
J	:	I've three pairs of uniforms.	**Saya ada tiga pasang pakaian seragam.**
T	:	Why?	**Mengapa?**
J	:	Because I have to change uniforms once two days.	**Kerana saya harus mengganti pakaian seragam saya sekali dua hari.**

T	:	Oh, I see.	**Oh, begitu.**
T	:	What's your favourite subject matter?	**Mata pelajaran apa yang menjadi kesukaan anda?**
J	:	I like all the subject matters. But the most favourite is English. What about you?	**Saya suka semua mata pelajaran. Tetapi yang paling saya sukai adalah bahasa Inggeris.**
T	:	I really like English, but I always get a difficulties, especially in vocabularies.	**Saya sangat suka bahasa Inggeris tetapi saya selalu mengalami kesulitan terutama dalam perbendaharaan katanya.**
J	:	The best subject for me is mathematics.	**Pelajaran yang terbaik saya adalah matematik.**
T	:	Good morning, sir.	**Selamat pagi, encik.**
J	:	Good morning. Can I help you?	**Selamat pagi. Boleh saya bantu?**
J	:	Excuse me, I'm looking for Mr. Rashid.	**Maafkan saya, encik. Saya mencari Encik Rashid.**
T	:	He's teaching now. What for?	**Dia sedang mengajar. Mengapa?**
J	:	I'd like to join his English class.	**Saya ingin mengikuti kelas bahasa Inggerisnya.**
T	:	Have you ever studied English before?	**Pernahkah kamu belajar bahasa Inggeris sebelum ini?**

J	:	Yes, I have, but I want to speak English well.	**Ya, saya pernah. Tapi saya ingin bertutur bahasa Inggeris dengan lancar.**
T	:	Okay. Please go ahead to room IV in the second floor.	**Baiklah. Terus saja ke bilik IV tingkat dua.**
J	:	Thank you, sir.	**Terima kasih, encik.**
T	:	Don't mention it.	**Sama-sama.**
T	:	Why do you come late, Joe? Did you get up late this morning?	**Kenapa anda datang lambat, Joe? adakah anda bangun lambat pagi ini?**
J	:	I'm sorry, I always get up early. But I broke my bike, this morning. I've got a little accident. So, I have to repair it on the way.	**Maaf, saya selalu bangun awal. Tetapi basikal saya rosak pagi ini. Saya dapat kemalangan kecil. Jadi saya terpaksa memperbaikinya dalam perjalanan.**
T	:	Be careful please!	**Hati-hatilah!**
J	:	I don't know that I'll get an accident, sir.	**Saya tidak tahu bahawa saya akan mendapat kemalangan, encik.**
T	:	Okay, let's start our lesson.	**Baiklah, mari kita mulai pelajaran kita.**
T	:	What about the grammar?	**Bagaimana dengan tatabahasa?**
J	:	I certainly need to learn it, too.	**Saya tentu perlu mempelajarinya.**

T	:	Well, we have class three times a week and each session lasts two hours.	**Baiklah, seminggu ada tiga kali dan setiap pelajaran berlangsung selama dua jam.**
J	:	I see. Would you please register my name as your student?	**Oh, begitu. Bolehkah daftarkan nama saya sebagai murid encik?**
T	:	All right, I'd be glad to.	**Baiklah, dengan gembiranya.**
T	:	Hello, Joe! What's your lesson now?	**Helo, Joe! Apa pelajaran anda sekarang?**
J	:	I'll study English.	**Saya akan belajar Bahasa Inggeris.**
T	:	How long will it last?	**Berapa lama?**
J	:	It will last for forty five minutes.	**Ia akan berlangsung selama empat puluh lima minit.**
T	:	Will you have math in the second lesson?	**Adakah anda akan belajar matematik pada pelajaran kedua?**
J	:	Yes. And you?	**Ya. Dan kamu?**
T	:	I'll have biology, then physics.	**Saya ada pelajaran biologi, kemudian fizik.**
J	:	What will you get tomorrow?	**Pelajaran apa yang anda ada esok?**
T	:	Drawing, reading, religion and geography.	**Lukisan, membaca, agama dan geografi.**
J	:	What else?	**Apa lagi?**

T	:	That's all.	**Itu saja.**
T	:	What's your last lesson today?	**Apa pelajaran terakhir kamu hari ini?**
J	:	The last lesson is economics.	**Pelajaran terakhir adalah ekonomi.**
T	:	What time is your last lesson over?	**Pukul berapa pelajaran terakhir selesai?**
J	:	The last lesson is over at one-thirty.	**Pelajaran terakhir selesai pada pukul satu tiga puluh minit.**
T	:	How many students in your class?	**Berapa jumlah murid di kelas kamu?**
J	:	There are twenty-eight students altogether.	**Semuanya ada dua puluh lapan murid.**
T	:	What are you reading, Joe?	**Apa yang sedang kamu baca, Joe?**
J	:	I'm reading my note book.	**Saya sedang membaca buku catatan saya.**
T	:	What is it?	**Apa itu?**
J	:	The last lesson, Biology.	**Pelajaran terakhir, Biologi.**
T	:	You look serious now.	**Anda nampak serius sekarang.**
J	:	Of course. All of us have to study hard now.	**Tentu. Kita semua terpaksa belajar sungguh-sungguh sekarang.**
T	:	When will you have exam?	**Bilakah ujian anda?**

J	:	I'll have mid semester examination next week.	**Saya akan menghadapi ujian pertengahan semester minggu depan.**
T	:	May be success for you.	**Semoga anda berjaya.**
J	:	Thank you.	**Terima kasih.**

17. AT THE UNIVERSITY — DI UNIVERSITI

T	:	Where do you go every morning, Jamil?	**Ke manakah kamu pergi setiap pagi, Jamil?**
J	:	I go to university.	**Saya pergi ke universiti.**
T	:	Where do you study?	**Di mana kamu belajar?**
J	:	I study in The University of Malaya.	**Saya belajar di Universiti Malaya.**
T	:	What is your Faculty?	**Fakulti apa?**
J	:	The Law Faculty.	**Fakulti Undang-undang.**
T	:	And your department?	**Dan jurusannya?**
J	:	I'm a student of The Department of Islamic Law.	**Saya seorang mahasiswa Jurusan Undang-Undang Islam.**
T	:	Excuse me, sir. Are you a student of The Department of International Relations?	**Maaf,Adakah anda seorang mahasiswa Jurusan Perhubungan Antarabangsa?**
J	:	No, I'm a student of the Faculty of Economics?	**Bukan, saya adalah mahasiswa Fakulti Ekonomi.**
T	:	What's your department?	**Apa jurusan kamu?**
J	:	Accounting.	**Perakaunan.**
T	:	How long does it take to complete a full degree?	**Berapa lama untuk tamat bagi mendapatkan ijazah?**
J	:	Usually it takes four years but sometimes more than four years.	**Biasanya empat tahun tapi kadang-kadang lebih daripada itu.**

T	:	Thanks for your information.	**Terima kasih atas penerangan kamu.**
T	:	Would you mind to tell me which is the most difficult department?	**Bolehkah kamu beritahu saya, fakulti apa yang paling sukar?**
J	:	Oh, I'm sorry. I can say nothing.	**Maaf, saya tidak boleh menyatakan apa-apa.**
T	:	Why?	**Kenapa?**
J	:	Well, It depends on your interest.	**Baiklah. Ia bergantung pada minat anda.**
T	:	What does it mean?	**Apa maksudnya?**
J	:	If you're interested in a certain subject you can study with no difficulties.	**Jika kamu tertarik pada bidang tertentu kamu boleh belajar tanpa kesukaran.**
T	:	I see.	**Oh, begitu.**
J	:	Please choose the department agree with your own interest. Don't be afraid. Everything will be difficult if you're afraid.	**Pilihlah jurusan yang sesuai dengan minat kamu sendiri. Jangan takut. Segalanya akan menjadi sulit jika kamu takut.**
T	:	Thank you very much for your advice.	**Terima kasih banyak atas nasihat kamu.**
T	:	Will you continue your study, if you've passed this final exam?	**Adakah kamu akan melanjutkan pengajian sekiranya kamu lulus ujian akhir ini?**
J	:	Certainly, I will.	**Tentu saja, saya mahu.**

T	:	Are you going to join a university?	**Adakah anda akan masuk universiti?**
J	:	I think so.	**Saya fikir begitu.**
T	:	Good luck!	**Semoga berjaya.**
J	:	Thank you. What about you?	**Terima kasih?** **Bagaimana dengan kamu?**
T	:	I don't like university. So, I'll join an Art Institute.	**Saya tidak suka universiti. Jadi, saya akan masuk ke Institut Seni.**
J	:	May be God bless you.	**Semoga Tuhan memberkati kamu.**
T	:	Have you enrolled for the the next test?	**Sudahkah kamu mendaftarkan diri untuk ujian akan datang?**
J	:	No, I haven't. I'm not ready yet.	**Belum. Saya belum bersedia lagi.**
T	:	I think it'll be too late, unless you register soon.	**Saya fikir anda akan terlambat, kecuali anda segera mendaftar.**
J	:	Okay. I'll enrol tomorrow morning then.	**Baiklah. Kalau begitu saya akan mendaftar esok.**
T	:	Is there any lecture today?	**Ada kuliahkah hari ini?**
J	:	Yes, I have two lectures today?	**Ya, saya ada dua kuliah hari ini?**
T	:	What are they?	**Apa dia?**
J	:	They're Introduction to Linguistics and Writing.	**Pengenalan kepada Linguistik dan Penulisan.**

T	:	Who is your writing lecturer?	**Siapakah pensyarah kuliah penulisan anda?**
J	:	He's Mr. Gunapathy.	**Encik Gunapathy.**
T	:	Where's graduated from?	**Dia lulusan dari mana?**
J	:	He was graduated from Oxford University.	**Dia lulusan Universiti Oxford.**
T	:	Oh, I see.	**Oh, begitu.**
T	:	Do you go to university everyday?	**Adakah kamu pergi ke universiti setiap hari?**
J	:	No, I don't. I have three days only.	**Tidak. Saya hanya ada kelas tiga kali.**
T	:	How many lectures have you passed?	**Berapa banyak kuliah yang sudah anda lulus?**
J	:	I have passed twenty lectures.	**Saya sudah lulus dua puluh kuliah.**
T	:	When will you write your thesis?	**Bilakah anda akan menulis tesis?**
J	:	I plan to write it next year.	**Saya akan menulisnya tahun depan.**
T	:	Do you know the man who sitting down over there?	**Adakah anda tahu siapa lelaki yang sedang duduk di sebelah sana?**
J	:	Certainly, I know. He is our new dean. He is also a professor of history.	**Tentu, saya tahu. Dia adalah dekan kita yang baru. Dia juga seorang Profesor Sejarah.**
T	:	He is an historian.	**Dia seorang ahli sejarah.**

J :	When did he come here?	**Bila dia datang ke sini?**
T :	He came from The University of Indonesia, Jakarta a week ago.	**Dia datang dari Universiti Indonesia, Jakarta seminggu yang lalu.**
T :	Do you study in the same university with your sister?	**Adakah kamu belajar di universiti yang sama dengan kakak kamu?**
J :	Yes, but we are in the different grade and department.	**Ya, tapi kami dalam gred dan jurusan yang lain.**
T :	What's your sister's grade?	**Gred berapa kakak anda?**
J :	Now, she is in the first semester of second grade.	**Sekarang dia semester pertama gred dua.**
T :	What about you?	**Bagaimana dengan kamu?**
J :	I'm in the third year. I join the Geography and my sister, History.	**Saya dalam tahun ketiga. Saya dalam bidang Geografi dan kakak saya, Sejarah.**
T :	What time does the first lecture begin?	**Pukul berapa kuliah pertama dimulai?**
J :	It begins at half past seven in the morning.	**Kuliah pertama dimulai pada pukul tujuh setengah pagi.**
T :	When will it last?	**Bila ia berakhir?**
J :	It will last at a fifteen to nine.	**Kuliah berakhir pada pukul sembilan empat puluh lima minit.**

T	:	Why are you not in the class now?	**Kenapa anda tidak ada dalam kelas?**
J	:	I'm free now. My lecturer has been going abroad since two days ago. What about you?	**Saya bebas sekarang. Pensyarah saya sedang berada di luar negeri sejak dua hari yang lalu. Bagaimana dengan anda?**
T	:	Let me see the schedule first. I have no lecture in the first time. But I'll have ones in the second and third times.	**Biar saya lihat jadualnya dulu. Saya tidak ada kuliah pada jam pertama. Tapi saya ada kuliah pada masa kedua dan ketiga.**

18. AT THE LIBRARY

DI PERPUSTAKAAN

T :	Do you know where I can get the details about Middle East?	**Adakah anda tahu di mana saya boleh mendapatkan keterangan tentang Timur Tengah?**
J :	I think you can find it in the Arabian Encyclopedia.	**Saya fikir anda boleh mendapatkannya dari Ensiklopedia Arab.**
T :	Where can I get that book?	**Di mana saya boleh mendapatkan buku itu?**
J :	In the library. You can find any kinds of books you want.	**Di perpustakaan. Anda boleh mendapatkan berbagai buku yang anda inginkan.**
T :	Oh, thank you for your information.	**Oh, terima kasih atas maklumat kamu.**
T :	Excuse me, madam. Can you show me where the West literature section?	**Maafkan saya, puan. Boleh tunjukkan di mana bahagian sastera Barat?**
J :	Over there. In the second floor.	**Di sebelah sana. Di tingkat dua.**
T :	Are there new novels?	**Apakah ada novel-novel baru?**
J :	Yes, you can find some new novels there.	**Ya, anda boleh mendapatkan novel-novel baru di sana.**

T	:	Are you an English Department student?	**Apakah kamu seorang mahasiswa Jurusan Bahasa Inggeris?**
J	:	Yes, madam.	**Ya, puan.**
T	:	What will you do with those novels?	**Apa yang kamu buat dengan novel-novel itu?**
J	:	My lecturer has ordered me to make a novel review.	**Pensyarah saya telah menyuruh untuk membuat kritikan novel.**
T	:	Good morning, sir. May I borrow novels written by Putu Wijaya?	**Selamat pagi, encik. Bolehkah saya meminjam novel-novel karangan Putu Wijaya?**
J	:	Sure, you may but wait a minute. Here you are and what's your name?	**Boleh, tetapi tunggu sebentar. Ini dia dan siapa nama kamu?**
T	:	May I take them home?	**Bolehkah saya membawanya pulang?**
J	:	Yes, but you have to be a member first.	**Ya, tetapi anda harus menjadi ahli dulu.**
T	:	How to be the member of this library?	**Bagaimana untuk menjadi ahli perpustakaan ini?**
J	:	It's easy. Show me your identity card and pay the membership fee.	**Itu mudah. Tunjukkan kad pengenalan anda dan bayar yuran keahlian.**
T	:	O.K. Here's my identity card. How much is the fee?	**Baiklah. Ini kad pengenalan saya. Berapa yurannya?**

J	:	Just ten ringgit per year.	**Hanya sepuluh ringgit setahun.**
T	:	Is there public library in your town?	**Adakah ada perpustakaan awam di bandar kamu?**
J	:	No, Tam. We have no public library.	**Tidak, Tam. Kami tidak mempunyai perpustakaan awam.**
T	:	So, where can you get some reading materials?	**Kalau begitu, dimana kamu boleh mendapatkan bahan-bahan bacaan?**
J	:	In my university library and my brothers can find them in their school libraries.	**Di perpustakaan universiti dan adik-adik saya dapat memperolehnya di perpustakaan sekolah.**
T	:	I see.	**Oh, begitu.**
T	:	Could you tell me where is the physics section?	**Bolehkah anda beritahu di mana bahagian fizik?**
J	:	Certainly, I'd be glad to. Do you see the man standing near the window?	**Tentu saja. Anda melihat lelaki yang berdiri dekat jendela itu?**
T	:	Yes, I do.	**Ya, saya tahu.**
J	:	Please you go there. The book-shelf on your right is the history section.	**Pergilah ke sana. Rak buku yang di sebelah kanan anda adalah bahagian sejarah.**
T	:	Much obliged, sir.	**Terima kasih banyak, encik.**
J	:	Don't mention it.	**Sama-sama.**

T	:	Do you often go to the library, Johan?	**Adakah kamu sering pergi ke perpustakaan, Johan?**
J	:	Yes, and you?	**Ya, dan kamu?**
T	:	No, I seldom visit the library.	**Tidak, saya jarang ke perpustakaan.**
J	:	Why?	**Kenapa?**
T	:	Because I have a lot of books at home. How many time a week do you go there?	**Kerana saya mempunyai banyak buku di rumah. Berapa kali seminggu kamu pergi ke sana?**
J	:	Once or two times.	**Sekali atau dua kali.**
T	:	Why do you often visit the library?	**Kenapa kamu sering pergi ke perpustakaan?**
J	:	Because I like books, but I have no books enough to read at home.	**Kerana saya suka buku, tetapi saya tidak punya cukup buku untuk dibaca di rumah.**
T	:	Hello, Johan. What's your program this afternoon?	**Helo, Johan. Apa rancangan kamu petang ini?**
J	:	I have no program. I'm free now.	**Saya tidak ada rancangan. Saya senang sekarang.**
T	:	Would you join me to the library?	**Adakah kamu mahu ikut saya ke perpustakaan?**
J	:	Is the library open now?	**Adakah perpustakaan sudah dibuka sekarang?**
T	:	Yes, It's Wednesday, isn't it? Remember that our library is open untill	**Ya, hari ini hari Rabu, bukan? Ingat bahawa perpustakaan kita buka**

		evening three times a week.	**sampai malam tiga kali seminggu.**
J	:	Okay. But a moment please I'll take a bath first.	**Sebentar. Saya mahu mandi dulu.**
T	:	Yes, please. I'll wait for you.	**Ya, silakan. Saya akan menunggu kamu.**

19. HOMEWORK	KERJA RUMAH (SEKOLAH)
T : Do you have spare time this evening?	**Adakah kamu mempunyai waktu terluang malam ini?**
J : No, I think. I have some homeworks.	**Saya rasa tidak. Saya mempunyai banyak kerja rumah.**
T : What are they?	**Apa itu?**
J : Maths and physics.	**Matematik dan fizik.**
T : Can I do them for you?	**Bolehkah saya buatkan untuk kamu?**
J : No, thank you. I have to do them by myself. What about you?	**Tidak, terima kasih. Saya harus membuatnya sendiri. Bagaimana dengan kamu?**
T : I'm free this evening. I did all my homeworks this afternoon.	**Saya senang malam ini. Saya sudah membuat semua kerja rumah saya petang tadi.**
T : Hello, Johan.	**Helo, Johan.**
J : Hello, Tam.	**Helo, Tam.**
T : What are you doing?	**Apa yang sedang kamu buat?**
J : I'm doing my homework.	**Saya sedang membuat kerja rumah.**
T : Do you have any difficulty?	**Ada kesulitan?**

J	:	I hope not. I'll do my best.	**Saya harap tidak. Saya akan buat sebaik mungkin.**
T	:	What are you going to do tonight?	**Apa yang mahu kamu buat malam ini?**
J	:	I'm going to do my homework.	**Saya mahu membuat kerja rumah.**
T	:	Do you have a lot of homework to do?	**Apakah kamu mempunyai banyak kerja rumah?**
J	:	Not much. Why?	**Tidak banyak. Kenapa?**
T	:	I'd like invite you to have a dinner.	**Saya mahu menjemput kamu untuk makan malam.**
J	:	I'd be glad to go but I have to finish the homework first.	**Saya gembira untuk pergi tetapi saya harus menyelesaikan kerja rumah dulu.**
T	:	That's all right. I'll wait for you.	**Baiklah. Saya akan menunggu kamu.**
T	:	Have you done your homework, Johan?	**Adakah kamu sudah menyiapkan kerja rumah kamu, Johan?**
J	:	Yes, except my maths. I find it too difficult to do.	**Ya, kecuali matematik. Sukar untuk menyiapkannya.**
T	:	Don't worry about it. I'll help you. Let me explain to you how to do it.	**Jangan khuatir. Saya akan membantumu. Mari saya jelaskan bagaimana cara membuatnya.**
J	:	Thanks. You're very helpful.	**Terima kasih. Kamu suka membantu.**

T :	Don't mention it.	**Sama-sama.**
T :	You looks so busy, Johan.	**Kamu kelihatannya sibuk, Johan.**
J :	Yes, before the second semester we have homework nearly everyday.	**Ya, sebelum semester kedua, kami mendapat kerja rumah hampir setiap hari.**
T :	That's good. I agree with your teacher.	**Itu bagus. Saya setuju dengan guru kamu.**
J :	I know it's good but it's too much for me. So, I can't go out at all.	**Saya tahu itu baik tetapi ini terlalu banyak untuk saya. Sehingga, saya sama sekali tidak boleh keluar.**
T :	Mom, if anyone wants to see me, would you please to tell him that I don't to be disturbed.	**Ibu, kalau ada seseorang mahu bertemu saya, tolong katakan padanya bahawa saya tidak mahu diganggu.**
J :	What's the matter? Are you busy?	**Mengapa? Apakah kamu sibuk?**
T :	Yes, I'm going to do my homework.	**Ya, saya mahu membuat kerja rumah saya.**
J :	All right, dear. Do it carefully, please.	**Baiklah, sayang. Kerjakan dengan hati-hati.**

20. HOUSE WORK		KERJA RUMAH
T :	Do you have a servant?	**Adakah kamu mempunyai pembantu?**
J :	No. We have to do all our house works by ourselves. What about you?	**Tidak. Kami harus mengerjakan sendiri semua pekerjaan rumah. Bagaimana dengan kamu?**
T :	Certainly, we have. She does the washing, makes the beds and takes the children to school.	**Tentu, kami mempunyai. Dia yang mencuci, membereskan tempat tidur dan menghantar anak-anak ke sekolah.**
J :	Does your husband come home for lunch?	**Adakah suami kamu pulang untuk makan tengahari?**
T :	No, he doesn't. I prepare his lunch in the morning.	**Tidak. Saya menyiapkan makan tengah harinya pada sebelah pagi.**
T :	Do you do your own shopping?	**Apakah kamu membeli belah sendiri?**
J :	Yes, I do, but sometimes my sister does it for me. And you?	**Ya, tetapi kadang-kadang adik saya lakukan untuk saya. Dan kamu?**
T :	My servant usually does it but when I have a lot of guests I do it myself.	**Pembantu saya biasanya lakukan tetapi kalau ada banyak tamu saya buat sendiri.**

J :	Is the market far from your house?	**Apakah pasarnya jauh dari rumah kamu?**
T :	No, it's quite near.	**Tidak, pasarnya agak dekat.**
T :	What do you think of housework?	**Apa pendapat kamu tentang kerja rumah?**
J :	It's not much but it takes a lot of time.	**Tidak banyak yang perlu dikerjakan tetapi banyak memakan waktu.**
T :	You're right. Now and then we have to take care of everything.	**Kamu benar. Kadang-kadang kita harus mengurus segalanya.**
J :	It'll be worse when it rains. The road is muddy and sometimes flooded.	**Ini akan bertambah buruk sekiranya hujan turun. Jalan menjadi becak dan kadang-kadang banjir.**
T :	Are you busy in the morning?	**Adakah kamu sibuk di pagi hari?**
J :	Yes, I've got a lot of work to do.	**Ya, saya punyak banyak pekerjaan yang perlu dibereskan.**
T :	What kind of work do you do?	**Pekerjaan apa yang kamu lakukan?**
J :	I clean the house, get breakfast ready and wake up the children.	**Saya membersihkan rumah, menyiapkan sarapan, dan membangunkan anak-anak.**
T :	What does your husband do in Sunday morning?	**Apa yang dilakukan suami kamu pada pagi minggu?**

J	:	He help me sweeping the floor after jogging.	**Dia membantu saya membersihkan lantai setelah berjoging.**
T	:	What else?	**Apa lagi?**
J	:	Dusting the tables then taking a bath and having breakfast. What's your program in sunday morning?	**Membersihkan meja-meja kemudian mandi dan bersarapan pagi. Apa rancangan kamu pada pagi minggu?**
T	:	I prepare breakfast for my husband and children.	**Saya menyediakan makan pagi untuk suami dan anak-anak saya.**
T	:	What's your brother doing now?	**Apa yang sedang dikerjakan saudara lelaki kamu?**
J	:	He is painting our house.	**Dia sedang mengecat rumah kami.**
T	:	And your father?	**Dan ayah kamu?**
J	:	He is decorating our house.	**Dia sedang menghias rumah.**
T	:	Where's your mother?	**Di mana ibu kamu?**
J	:	My mother's washing clothes and my sisters moping the floor.	**Ibu saya mencuci pakaian dan adik-adik perempuan saya sedang mengelap lantai.**
T	:	Why do you look tired and not help them?	**Kenapa kamu nampak letih dan tidak membantu mereka?**
J	:	I've just repaired my father's car.	**Saya baru saja memperbaiki kereta ayah saya.**

T :	What's he/she doing?	**Apa yang sedang dia kerjakan?**
	He is repair the fence.	**Dia sedang memperbaiki pagar.**
	She is moping the floor.	**Dia sedang mengelap lantai.**
	She is drying clothes.	**Dia sedang menjemur pakaian.**
	She is ironing clothes.	**Dìa sedang mengosok pakaian.**
	She is sewing clothes.	**Dia sedang menjahit pakaian.**
	She is mending clothes.	**Dia sedang menjerumat pakaian.**
	She is dyeing clothes.	**Dia sedang mencelup pakaian.**
	She is hanging clothes.	**Dia sedang menggantung pakaian.**
	She is wiping window glasses.	**Dia sedang mengelap kaca-kaca jendela.**
	She is draining the bath tub.	**Dia sedang mengeringkan tab.**
	She is pumping out water.	**Dia sedang mengepam air.**
	She is throwing rubbish.	**Dia sedang membuang sampah.**
	She is sharpening a knife.	**Dia sedang mengasah pisau.**

21. THE POLICE STATION

DI BALAI POLIS

T	:	Excuse me, sir. Would you tell me where the nearest police station?	**Maaf, encik. Bolehkah anda beritahu saya di mana balai polis terdekat?**
J	:	What happens?	**Apa yang terjadi?**
T	:	I've been pickpocketed. My wallet has been stolen. There's an accident, a murder a shooting a robbery	**Saya telah diseluk saku. Dompet saya telah dicuri. Ada kemalangan, satu pembunuhan satu penembakan satu rompakan**
J	:	It's not far from here.	**Tidak begitu jauh dari sini.**
T	:	How many meters from here?	**Berapa meter dari sini?**
J	:	About four hundred meters.	**Sekitar empat ratus meter.**
T	:	Thank you very much for your information.	**Terima kasih atas maklumat anda.**
J	:	Don't mention it.	**Sama-sama**
T	:	Excuse me, sir. Can you speak English?	**Maaf, encik. Adakah anda boleh berbahasa Inggeris?**
J	:	Sorry, I can't speak English?	**Maaf, saya tidak boleh berbahasa Inggeris.**
T	:	Is there a police who speaks English here?	**Adakah ada petugas polis yang boleh berbahasa Inggeris?**

J	:	Wait a moment, please.	**Sila tunggu sebentar.**
T	:	Yes, thanks for your help.	**Ya, terima kasih atas bantuan kamu.**
J	:	Don't mention it.	**Sama-sama.**
T	:	Good morning, sir.	**Selamat pagi, encik.**
J	:	Good morning, What can I do for you?	**Selamat pagi. Ada yang boleh saya bantu?**
T	:	Are you the officer on duty?	**Apakah anda pegawai yang sedang bertugas?**
J	:	Yes, please sit down.	**Ya, silakan duduk.**
T	:	I want to report a robbery.	**Saya ingin melaporkan sebuah perompakan.**
J	:	Where did it happen?	**Di mana itu terjadi?**
T	:	At my house.	**Di rumah saya.**
J	:	At what time?	**Pada pukul berapa?**
T	:	Was there anyone at home?	**Ada sesiapa di rumah?**
J	:	Not at all.	**Tidak sama sekali.**
T	:	Where were you last night?	**Semalam kamu di mana?**
J	:	My wife and I went away for the weekend. We just came back.	**Isteri saya dan saya pergi bercuti pada hujung minggu. Kami baru saja pulang.**
T	:	I see. I'd like to send someone round to check the house for fingerprints soon.	**Oh, begitu. Saya akan segera menghantar seseorang ke sana untuk mencari cap jari di rumah itu.**

T	:	I want to report a thief, sir.	**Saya ingin melaporkan pencurian, encik.**
J	:	A moment please. Let me take a tape to record your report first.	**Sebentar. Saya akan ambil pita rakaman untuk merakam laporan anda dulu.**
T	:	Yes, please.	**Ya, silakan.**
J	:	What's your name?	**Siapa nama anda?**
T	:	My name is Ahmad.	**Nama saya Ahmad.**
J	:	Where do you live?	**Di mana anda tinggal?**
T	:	I live in Jl, no. 24, Selayang.	**Saya tinggal di Jl. no. 24, Selayang.**
J	:	Can you tell me what have been stolen?	**Tolong beritahu saya apa yang telah dicuri?**
T	:	Some antique statues, a television and jewellery.	**Beberapa patung antik, sebuah televisyen dan barang kemas.**
J	:	Can you count how much they are?	**Dapatkah anda hitung berapa nilainya?**
T	:	Certainly, I can. They're more less than two million ringgit.	**Tentu, boleh. Semuanya lebih kurang dua juta ringgit.**
J	:	Were you at home?	**Apakah anda di rumah?**
T	:	Yes, sir. We were all at home last night.	**Ya, encik. Kami semua ada di rumah malam tadi.**
J	:	Well. Were there servants in the house?	**Baiklah. Apakah ada pembantu dirumah?**

T	:	Yes, sir. But my maid claims she heard nothing.	**Ya, encik. Tetapi pembantu saya mendakwa tidak mendengar apa-apa.**
J	:	How long have you known your maid?	**Sudah berapa lama anda mengenal pembantu anda?**
T	:	Three months. She is quite new.	**Tiga bulan. Dia agak baru.**
J	:	Why did you not come and report to the police right after theft?	**Kenapa anda tidak melaporkan kecurian kepada polis segera setelah kecurian itu?**
T	:	We all had slept since a half past seven.	**Kami semua telah tidur sejak pukul tujuh setengah.**
T	:	Good evening, officer.	**Selamat malam, encik.**
J	:	Good evening, sir. Have a seat please. Can I help you?	**Selamat malam, encik. Silakan duduk. Boleh saya bantu?**
T	:	I would like to have a man arrested for writing three bounced cheques.	**Saya minta dilakukan penahanan terhadap seorang lelaki kerana mengeluarkan tiga cek kosong.**
J	:	Have you got the cheques with you?	**Apakah anda membawa cek-cek itu?**
T	:	Yes, here they are.	**Ya, ini dia.**
J	:	Let me see them, please.	**Mari saya lihatnya.**
T	:	Two of them have been returned for insufficient funds. The third cheque is a forgery.	**Dua di antaranya telah dikembalikan kerana tidak cukup wangnya. Cek yang ketiga adalah palsu.**

J	:	What were these cheques in payment of?	**Untuk pembayaran apa cek-cek ini?**
T	:	Goods purchased from our company.	**Barang-barang yang dibeli dari syarikat kami.**
J	:	Is he a customer of yours?	**Apakah dia pelanggan anda?**
T	:	No, he's one of our agents.	**Bukan, dia salah seorang agen kami.**
J	:	Do you know what his address is?	**Apakah anda tahu bagaimana alamatnya?**
T	:	Yes, I do.	**Ya, saya tahu.**
J	:	O.K. we'll send someone round to talk to him.	**Baiklah, kami akan menyuruh seseorang untuk berbicara dengannya.**
T	:	Excuse me, officer. Someone hasn't returned my money. Can you help me?	**Maafkan saya encik. Seseorang tidak mahu mengembalikan wang saya. Dapatkah anda menolong saya?**
J	:	Was he a thief? Did he steal your money?	**Apakah dia pencuri? Apakah dia mencuri wang kamu?**
T	:	No, sir. He borrowed my money. He promised to return it four months later. But he's never come to me.	**Tidak, encik. Dia meminjam wang saya. Dia berjanji mahu mengembalikannya empat bulan berikutnya. Tapi dia tidak pernah datang kepada saya.**
J	:	How much was it?	**Berapa banyak wangnya?**

T	:	Five millions, sir. He really had to return my money last month.	**Lima juta, encik. Dia seharusnya sudah mengembalikan wang saya bulan lalu.**
J	:	Can you show me the agreement paper?	**Dapatkah anda menunjukkan surat perjanjiannya?**
T	:	I'm sorry, sir. We have no agreement paper. If he's unwilling to pay, can you issue a warrant of arrest?	**Maaf, encik. Kami tidak membuat surat perjanjian. Jika dia tidak mahu membayar apakah anda boleh mengeluarkan surat perintah penahanan?**
J	:	Yes, but first we must give him a chance to pay up.	**Ya, tetapi pertama-tamanya kita harus memberinya kesempatan untuk membayar.**
T	:	How long will you give him?	**Berapa lama waktu yang akan anda berikan kepadanya?**
J	:	That'll depend on his explanation.	**Itu bergantung pada keterangannya.**
T	:	What I have to do now?	**Apa yang harus saya lakukan sekarang?**
J	:	Don't worry about it. Everything will be better soon. We'll help as hard as we can. Please believe us.	**Jangan risau. Segalanya akan segera lebih baik. Kami akan membantu sekuat tenaga. Percayalah kepada kami.**

T	:	Here's his address and this is his photograph.	**Ini alamatnya dan ini gambarnya.**
J	:	Thank you. We'll be in touch with you shortly.	**Terima kasih. Kami akan segera menghubungi anda.**
T	:	Thank you. See you later.	**Terima kasih. Sampai bertemu kembali.**
T	:	Good morning, Captain.	**Selamat pagi, Kapten.**
J	:	Good morning, sir.	**Selamat pagi, encik.**
T	:	What's about the situation with theft in my house?	**Bagaimana dengan pencurian di rumah saya?**
J	:	We've arrested the man who has stolen your money.	**Kami sudah menahan orang yang telah mencuri wang anda.**
T	:	Will he returned all my money?	**Apakah dia akan mengembalikan semua wang saya?**
J	:	Yes, he will eventually. But it will take a while.	**Pada akhirnya, ya. Tetapi hal itu mengambil masa.**
T	:	Why is that?	**Mengapa demikian?**
J	:	The case will have to go to court first.	**Kes ini harus diajukan ke pengadilan dulu.**
T	:	Is that a lengthy prosess?	**Apakah ini merupakan proses yang panjang?**
J	:	Sometimes, but don't worry. You'll get all your money back in the end.	**Kadang-kadang, tetapi jangan khuatir. Kamu akhirnya akan mendapat wang itu kembali.**
T	:	Thank you.	**Terima kasih.**

T	:	Excuse me, Officer. What was the verdict?	**Maaf, encik. Apa keputusannya?**
J	:	Guilty. He's really a thief.	**Bersalah. Dia benar-benar pencuri.**
T	:	How many years did he get?	**Dia dihukum berapa tahun?**
J	:	Three years and eight months.	**Tiga tahun dan lapan bulan.**
T	:	Is the sentence likely reduced later?	**Apakah mungkin hukuman itu dikurangi kelak?**
J	:	It's possible, if he behaves himself well.	**Mungkin juga bila dia berkelakuan baik.**
T	:	Pull over to the side, please.	**Silakan ke tepi.**
J	:	What's wrong?	**Ada apa?**
T	:	Good morning, sir. Can I see your driving licence?	**Selamat pagi, encik. Boleh saya melihat lesen memandu?**
J	:	Certainly, here it is.	**Tentu, ini dia.**
T	:	Do you realize that you have passed the wrong way?	**Tahukah anda bahawa anda telah melewati jalan yang salah?**
J	:	I'm sorry. I had no idea.	**Maaf, saya tidak tahu.**
T	:	It's a one way street. There's no entry sign over there. Didn't you see it?	**Ini jalan sehala. Ada tanda dilarang masuk di sebelah sana. Apakah anda tidak melihatnya?**

J :	I'm sorry, I can't read Malaysian.	**Maaf, saya tidak boleh membaca Bahasa Melayu.**
T :	You don't have to read Malaysian. It's an international traffic symbol.	**Kamu tidak harus boleh membaca Bahasa Melayu. Tanda itu simbol lalu lintas internasional.**

22. POLICE AND TRAFFIC RULES — POLIS DAN PERATURAN LALU-LINTAS

T	:	What's that?	**Apa itu?**
J	:	That's the traffic light.	**Itu lampu isyarat.**
		That's the traffic regulations.	**Itu pengawal lalu lintas.**
T	:	What does it mean?	**Apa maksudnya itu?**
J	:	That's stop	**Itu berhenti**
		Byway	**Jalan kecil**
		Bypass	**Jalan pirau**
		Boulevard	**Jalan berhias**
		Bumpy road	**Jalan tidak rata**
		Crossroads	**Persimpangan jalan**
		Curve	**Lengkungan**
		Danger	**Bahaya**
		Go	**Jalan terus**
		Down!	**Turun!**
		Downhill	**Menuruni bukit**
		Drive slow	**Pandu perlahan**
		Drive carefully	**Pandu berhati-hati**
		Entrance	**Jalan masuk**
		Foot path	**Laluan kaki**
		Grass road	**Persimpangan jalan**
		Heavy traffic	**Jalan yang padat**
		Keep moving!	**Jalan terus!**
		Keep out!	**Dilarang masuk!**
		Keep to the right!	**Ikut kanan!**
		Keep to the left!	**Ikut kiri!**

Move up!	**Ke hadapan!**
Narrow bridge	**Jambatan sempit**
Narrow passage	**Laluan yang sempit**
Narrow road	**Jalan sempit**
No entry for all vehicles	**Semua kenderaan dilarang masuk.**
No entry for pedal cyclist	**Pengguna basikal dilarang masuk**
No admittance!	**Dilarang masuk!**
No trespassing!	**Dilarang menceroboh!**
No parking	**Dilarang meletak kenderaan**
No parking zone	**Bukan kawasan meletak kenderaan**
No entry	**Dilarang masuk**
No passing	**Dilarang lalu**
No smoking	**Dilarang merokok**
No throughfare	**Dilarang masuk**
No turn left	**Dilarang belok kiri**
No turn right	**Dilarang belok kanan**
No turn around	**Dilarang berpatah balik**
No overtaking	**Dilarang memotong**
Maximum height	**Tinggi maksimum**
One way	**Jalan sehala**
Parking area	**Kawasan meletak kereta**
Road repairs	**Jalan dibaiki**
Rail road crossing	**Penyeberangan landasan kereta api**
Sound to horn	**Bunyikan hon anda**
Sharp turn	**Belokan tajam**
School crossing	**Lintasan sekolah**
Slow down!	**Jalan perlahan!**

	Street closed	**Jalan ditutup**
	Speed limit	**Had kelajuan**
	Use horn prohibited	**Dilarang membunyikan hon**
	Uphill	**Menaiki bukit**
	Intersection	**Persimpangan**
	Dip	**Menurun/cerun**
	Winding road	**Jalan berliku-liku**
T :	Please show me your driving license.	**Tolong tunjukkan lesen memandu anda.**
J :	I'm sorry, sir. I left it at home.	**Maaf, encik. Tertinggal di rumah.**
T :	Do you have it or not?	**Anda punya lesen memandu atau tidak?**
J :	I'm very sorry. I don't have it.	**Maaf, encik. Saya tidak mempunyai lesen memandu.**
T :	How dare you drive without a license!	**Beraninya anda memandu tanpa lesen!**
J :	Sorry, sir. I admit I'm wrong.	**Maafkan saya, encik. Saya mengaku bersalah.**
T :	Here's penalty ticket. You are fined twenty five ringgit.	**Ini hukuman anda. Anda harus membayar denda dua puluh lima ringgit.**
T :	Do you know what the red light means?	**Apakah anda tahu maksud lampu merah itu?**
J :	Yes, sir. It means I have to stop.	**Ya, encik. Bererti saya harus berhenti.**

T :	You have to obey the traffic rules or else you will be involved in an accident.	**Anda harus mematuhi peraturan lalu lintas atau anda mungkin terlibat dengan kemalangan.**
J :	All right, sir. I'll be careful from now on.	**Baiklah, encik. Mulai sekarang saya akan hati-hati.**
T :	Okay, this time you may go.	**Baiklah, kali ini anda boleh pergi.**
J :	Thank you, sir.	**Terima kasih, encik.**
T :	Can you stop at the corner?	**Bolehkah anda berhenti di selekoh itu?**
J :	No, it's forbidden.	**Tidak, itu dilarang**
T :	Good. Now if you want to turn right, what must you do?	**Bagus. Sekarang jika anda mahu belok kanan, apa yang harus anda lakukan?**
J :	First, I've to signal and look at the green light and then keep to the left.	**Pertama, saya harus memberi isyarat dan melihat lampu hijau dan kemudian mengambil jalan ke kiri.**
T :	Good. You've passed the test.	**Bagus. Anda telah lulus ujian.**
T :	If you want to drive what must you do first?	**Jika anda mau memandu apa yang pertama kali harus anda lakukan?**
J :	I should check the seat to see if it's comfortable, check the near view mirror and fasten the seat belt.	**Saya harus memeriksa tempat duduk untuk memastikan ia selesa, memeriksa cermin tepi dan memakai tali pinggang.**

T	:	Good. If you drive at night and you see car just in front of yours, what light should you use?	**Bagus. Jika anda memandu di malam hari dan melihat kereta di depan anda, lampu manakah yang harus anda gunakan?**
J	:	I think I should use the dim light.	**Saya rasa saya harus menggunakan lampu rendah.**
T	:	Good. You've passed again this time. You can get your driving license next week.	**Bagus. Anda telah lulus lagi kali ini. Anda boleh lesen memandu depan.**
J	:	Thank you very much, sir.	**Terima kasih banyak, encik.**
T	:	You're welcome.	**Sama-sama.**
T	:	Who's standing in the crossroad?	**Siapa berdiri di persimpangan itu?**
J	:	He's the traffic policeman.	**Dia seorang polis lalu lintas.**
T	:	He's regulating the road.	**Dia sedang mengawal jalan.**
J	:	The road is very busy.	**Jalan itu amat sibuk.**
T	:	Look! The police car comes again.	**Lihat! Kereta polis datang lagi.**
J	:	That's the police patrol.	**Itu rondaan polis.**
T	:	Can you drive a car?	**Bolehkah kamu memandu kereta?**
J	:	Of course. But I can't drive very fast.	**Tentu. Tetapi saya tidak boleh memandu laju.**
T	:	It's not good to drive very fast.	**Tidak baik memandu terlalu laju.**

J	:	Yes, I know. Driving very fast is dangerous.	**Ya, saya tahu. Memandu sangat laju berbahaya.**
T	:	It enable you get traffic accident.	**Ia boleh membuat kamu mendapat kemalangan jalan raya.**
J	:	I'm afraid of the accident. So, I always drive my car carefully.	**Saya takut kemalangan. Oleh itu, saya selalu memandu kereta dengan hati-hati.**
T	:	Well. By the way, do you have driving license?	**Bagus. Oh ya, apakah kamu mempunyai lesen memandu?**
J	:	Of course. After having driving course, I got a driving lisence a year ago. What about you?	**Sudah tentu. Setelah mengikuti kursus memandu, saya mendapatkan lesen memandu setahun yang lalu. Bagaimana dengan kamu?**
T	:	I don't have driving license yet. But I can drive some kinds of car.	**Saya belum mempunyai lesen memandu. Tetapi saya boleh memandu berbagai jenis kereta.**
J	:	I think you have to get a driving license soon.	**Saya fikir kamu harus segera mempunyai lesen memandu.**

23. APPLYING A JOB	MEMOHON PEKERJAAN
T : Good morning, sir. Can I have an application form?	**Selamat pagi, encik. Boleh-kah saya mendapat borang permohonan?**
J : Certainly. Here you are. You have to fill out the form carefully.	**Tentu. Ini dia. Anda harus mengisinya dengan hati-hati.**
T : Yes, sir.	**Baik, encik.**
J : After finishing it, give it back to me.	**Setelah selesai, kembalikan kepada saya.**
T : All right, sir.	**Baiklah, encik.**
T : Johan, can you write me an application letter for a job? I don't know how to write.	**Johan, tolong tuliskan saya surat permohonan kerja. Saya tidak tahu bagaimana menulisnya.**
J : I'm sorry, Tam. An application letter has to be hand-written by the person concerned.	**Maafkan saya, Tam. Surat permohonan kerja harus ditulis tangan oleh orang bersangkutan sendiri.**
T : Can you give me an example?	**Boleh berikan saya satu contoh?**
J : Well. Let me tell you how to do it.	**Baiklah. Saya akan menunjukkan bagaimana membuatnya.**
T : Thanks, Johan.	**Terima kasih, Johan.**
J : You're welcome.	**Sama-sama.**

T	:	What's the matter with you, Johan? You look so sad.	**Apa yang terjadi kepada kamu, Johan? Kamu nampaknya begitu sedih.**
J	:	My application has been rejected.	**Permohonan saya telah ditolak.**
T	:	Don't be despaired. Write another application. Who knows this time it will be accepted.	**Jangan putus asa. Tulis saja permohonan yang lain. Siapa tahu kali ini permohonan kamu diterima.**
J	:	All right, then. Thanks for your encouragement.	**Baiklah, kalau begitu. Terima kasih atas dorongan kamu.**
T	:	What are you doing, Johan?	**Apa yang sedang kamu kerjakan, Johan?**
J	:	I'm writing an application letter.	**Saya sedang menulis surat permohonan.**
T	:	What type of job are you applying for?	**Pekerjaan jenis apa yang kamu pohon?**
J	:	I'm applying for an interpreter in the United Arab Embassy.	**Saya memohon untuk menjadi jurubahasa di Kedutaan Arab Saudi.**
T	:	Where are you going, Johan? You look very happy this morning.	**Kamu mahu pergi ke mana, Johan? Kamu nampak gembira sekali pagi ini.**
J	:	Of course, I'm very happy. I'm going to my office.	**Sudah tentu, saya sangat gembira. Saya mahu ke pejabat.**
T	:	Are you an officer now?	**Apakah kamu sekarang jadi pegawai sekarang?**

J	:	Yes, I'm. My application has been success.	**Ya. Permohonan saya telah berjaya.**
T	:	Are you a state office?	**Apakah kamu pegawai negeri?**
J	:	No, I work in a private company.	**Tidak saya bekerja di sebuah syarikat swasta.**
T	:	Good luck. I'm very happy to hear that. By the way what's your job?	**Selamat berjaya. Saya sangat gembira mendengar khabar ini. Oh ya, apa pekerjaan kamu?**
J	:	Thank you. I'm an officer of Public Relations in Muda Import & Export Corporation.	**Terima kasih. Saya menjadi Pegawai Perhubungan Awam kepada Perusahaan Import dan Eksport Muda.**
T	:	Good morning, madam.	**Selamat pagi, puan.**
J	:	Good morning. What can I do for you?	**Selamat pagi. Apa yang boleh saya bantu?**
T	:	I hear that the vacancy of receptionist is open at your office.	**Saya mendengar bahawa ada kekosongan untuk jawatan seorang penyambut tetamu di pejabat anda.**
J	:	Yes, you're right. Do you want to apply it?	**Ya, anda benar. Apakah anda ingin memohonnya?**
T	:	Yes, madam. Would you show me where the application section is?	**Ya, puan. Bolehkah puan tunjukkan di mana bahagian permohonan?**
J	:	Yes. Please go to the next room.	**Ya. Sila ke bilik sebelah.**

T	:	Thank you, madam.	**Terima kasih, puan.**
J	:	You're welcome.	**Sama-sama.**
T	:	Do you know which company need a new officer, Johan?	**Apakah kamu tahu syarikat mana yang memerlukan pegawai baru, Johan?**
J	:	Surely, I know. I've got it in an advertisement box of daily newspaper.	**Tentu, saya tahu. Saya mengetahuinya dalam sebuah ruangan iklan dari khabar harian.**
T	:	What's the company?	**Syarikat apa?**
J	:	That's the publishing company. Are you interested?	**Itu adalah syarikat penerbitan. Apakah kamu berminat?**
T	:	Yes, but what the vacancy is not filled yet?	**Ya, tetapi kekosongan apa yang belum terisi?**
J	:	It needs ten computer operators.	**Syarikat ini memerlukan sepuluh operator komputer.**
T	:	I believe that your capability is needed for that position.	**Saya percaya bahawa kemampuan kamu diperlukan untuk posisi tersebut.**
J	:	What I have to do now?	**Apa yang harus saya lakukan sekarang?**
T	:	Please send your applications as soon as possible.	**Kirimkan permohonan kamu secepatnya.**

24. JOB/ PROFESSION | PEKERJAAN/ PROFESION

T	: What's your job now?	**Apa pekerjaan kamu sekarang?**
J	: I'm a teacher.	**Saya seorang guru.**
T	: Where do you teach?	**Di mana kamu mengajar?**
J	: Methodist High School.	**Sekolah Tinggi Methodist.**
T	: Where is it?	**Di mana itu?**
J	: In Jalan Peel 25, Kuala Lumpur.	**Di Jalan Peel 25, Kuala Lumpur.**
T	: What's your sister's occupations?	**Apa pekerjaan saudara perempuan kamu?**
J	: She's a banker. She goes to the bank everyday.	**Dia adalah seorang pegawai bank. Dia pergi ke bank setiap hari.**
T	: What did the department she joint when she was a university student?	**Jurusan apa yang dia ambil ketika dia menjadi mahasiswa universiti?**
J	: She joint Banking Department.	**Dia masuk Jurusan Perbankan.**
T	: Oh, I see.	**Oh, begitu.**
T	: Do you know what Lucia's occupation is?	**Apakah kamu tahu apa pekerjaan Lucia?**
J	: Of course. She's my close friend. Now, she's a writer.	**Tentu. Dia sahabat baik saya. Dia sekarang jadi penulis.**

T	:	What does she write?	**Apa yang dia tulis?**
J	:	She sometimes write poems and short story, but sometimes also write essay and novel.	**Kadang-kadang dia menulis puisi dan cerita pendek, tetapi kadang-kadang dia juga menulis esei dan novel.**
T	:	Have you ever read her works?	**Apakah kamu pernah membaca karya-karyanya?**
J	:	Yes. I have one of her poem antologies.	**Ya, saya mempunyai salah satu kumpulan puisinya.**
T	:	Can you lend me that antology?	**Bolehkah kamu pinjamkan antologi itu kepada saya?**
I	:	Certainly, I can.	**Tentu, boleh.**
T	:	Excuse me, Johan. Would you tell me what your occupation is?	**Maafkan saya, Johan. Bolehkah kamu nyatakan apa pekerjaan kamu?**
J	:	Well. I'm secretary to the Cultural Consul.	**Baiklah. Saya adalah sekretari di Konsul Kebudayaan.**
T	:	In which embassy?	**Di kedutaan mana?**
J	:	In The American Embassy.	**Di Kedutaan Amerika.**
T	:	How long have you been there?	**Sudah berapa lama kamu di sana?**
T	:	I've been there for less than five years.	**Saya sudah bekerja di sana selama kurang dari lima tahun.**
J	:	I see.	**Oh, begitu.**

T	:	Do you know what your uncle's job?	**Apakah kamu tahu pekerjaan pak cik kamu?**
J	:	Of course, I know. He is a publisher.	**Tentu saja saya tahu. Dia adalah seorang penerbit.**
T	:	What does he publish?	**Apa yang dia terbitkan?**
J	:	He publishes some kinds of book.	**Dia menerbitkan berbagai jenis buku.**
T	:	They includes the text books for the students of Senior High School, don't they?	**Ia termasuklah buku untuk pelajar Sekolah Menengah, bukan?**
J	:	Yes. And sometimes he also publish conversation books and novels.	**Ya. Dan kadang-kadang dia juga menerbitkan buku-buku perbualan dan novel.**
T	:	Is your father a doctor?	**Apakah ayah kamu seorang doktor?**
J	:	No. He is a journalist.	**Bukan. Dia adalah seorang wartawan.**
T	:	What media does he work?	**Dia bekerja di media apa?**
J	:	Firstly, he worked for a daily newspaper, but he moved to a weekly magazine last year.	**Mulanya dia bekerja di surat khabar harian, tetapi pindah ke majalah mingguan tahun lalu.**
T	:	Why did he moved?	**Kenapa dia pindah?**
J	:	I don't know the exact reason is. But I think, he felt very tired to work in a daily newspaper.	**Saya tidak tahu alasan yang pasti. Tetapi saya rasa ia merasa sangat penat bekerja di akhbar harian.**

T	:	You may be right. A daily newspaper's journalist have to pursue and then make some news every-day.	**Kamu mungkin benar. Seorang wartawan akhbar harian harus mengejar dan kemudian membuat beberapa berita setiap hari.**
T	:	Excuse me, madam. Are you the chief of International Relationship Bureau?	**Maaf, puan. Apakah puan Ketua Biro Hubungan Internasional?**
J	:	No, I'm not. I'm just one of the employees in this office.	**Bukan. Saya hanya salah seorang pekerja di sini.**
T	:	Do you know who is the chief?	**Apakah kamu tahu siapa ketuanya?**
J	:	Yes, it's Mrs. Karlina.	**Ya. Dia adalah Puan Karlina.**
T	:	Thank you.	**Terima kasih.**
J	:	You're welcome.	**Sama-sama.**
T	:	Is your grand father a professor?	**Apakah datuk kamu seorang profesor?**
J	:	Yes, he is a professor of geography at National University. What about your parents?	**Ya, dia adalah professor geografi di Universiti Kebangsaan. Bagaimana dengan orang tua kamu?**
T	:	My father is the Dean of Agriculture Faculty in the Agriculture University.	**Ayah saya adalah Dekan Fakulti Pertanian di Universiti Pertanian.**

J	:	And your mother?	**Dan ibu kamu?**
T	:	She's just a housewife.	**Dia hanya seorang rumah tangga saja.**
T	:	What are your sons' professions?	**Apa profesion anak-anak lelaki kamu?**
J	:	Wahab is a barber, he cuts men hair only.	**Wahab ialah seorang tukang gunting. Dia hanya mengunting rambut lelaki.**
T	:	And the other?	**Dan lainnya?**
J	:	Sulaiman is an optician.	**Sulaiman seorang pakar optik.**
T	:	Does he also sell glasses?	**Apakah dia juga menjual kaca mata?**
J	:	Yes, he does. He sells some kinds of glasses.	**Ya. Dia menjual berbagai jenis kacamata.**
T	:	What's your daughter's job?	**Apa pekerjaan anak perempuan kamu?**
J	:	She's an art-dealer.	**Ia seorang penjual barang seni.**
T	:	Can you tell me what she sells?	**Bolehkah kamu memberitahu saya apa yang dijualnya?**
J	:	She sells paintings and statues.	**Ia menjual lukisan dan patung.**
T	:	What does Lucia's occupation?	**Apakah pekerjaan Lucia?**

J	:	She's a secretary.	**Dia adalah seorang sekretari.**
T	:	Is she still working in British Embassy?	**Apakah dia masih bekerja di Kedutaan Britain?**
J	:	No, not any longer. She has moved to Japan Embassy.	**Tidak lagi. Dia sudah pindah di Kedutaan Jepun.**
T	:	Why?	**Kenapa?**
J	:	I don't know why, but she feels better now.	**Saya tidak tahu mengapa, tetapi dia merasa lebih baik sekarang.**
T	:	Is your mother a nurse in a hospital?	**Apakah ibu kamu seorang jururawat di hospital?**
J	:	No, she's a doctor.	**Bukan, dia seorang doktor.**
T	:	Is she a dentist?	**Apakah dia doktor gigi?**
J	:	Yes, she is.	**Ya.**
		What about your sister?	**Bagaimana dengan saudara perempuan kamu?**
T	:	She works in a beauty parlour.	**Dia bekerja di salun kecantikan.**
T	:	Is your brother-in-law an English teacher?	**Apakah abang ipar kamu seorang guru Bahasa Inggeris?**
J	:	No, he's an Indonesian teacher.	**Bukan, dia seorang guru Bahasa Indonesia.**
T	:	Are you still a physics teacher?	**Apakah kamu masih menjadi guru fizikal?**

J :	Of course. And you?	**Tentu. Dan kamu?**
T :	I teach maths.	**Saya mengajar matematik.**
J :	Do you know who the man standing over there?	**Apakah kamu tahu siapa lelaki yang berdiri di sana itu?**
T :	Yes, he is a new teacher in this school.	**Ya, dia seorang guru baru di sekolah ini.**
T :	What's your occupation Johan?	**Apa pekerjaan kamu, Johan?**
J :	I'm a lawyer.	**Saya seorang peguam.**
	I'm an artist.	**Saya seorang seniman.**
	I'm an electrician.	**Saya seorang juruelektrik.**
	I can repair electrical appliances.	**Saya dapat memperbaiki alat-alat elektrik.**
	I own a jewelry store.	**Saya memiliki gedung barang perhiasan.**
	I'm a jeweller.	**Sata adalah seorang tukang emas/jauhari.**
	I'm a lecturer.	**Saya seorang pensyarah.**
	I'm a master.	**Saya adalah seorang sarjana.**
	I'm teacher.	**Saya adalah guru.**
	I'm a pharmacist.	**Saya adalah ahli farmasi.**
	I'm a landlord.	**Saya adalah tuan tanah.**
	I'm a hotel keeper.	**Saya adalah pemilik hotel.**
	I'm an engineer	**Saya adalah jurutera.**
	I'm an engine driver	**Saya adalah mekanik.**
	I'm a guard.	**Saya adalah jaga.**
	I'm a chemist.	**Saya adalah ahli kimia.**
	I'm an investigator.	**Saya seorang penyiasat.**

	I'm an author.	**Saya seorang pengarang.**
	I'm an editor.	**Saya seorang editor.**
	I'm a translator.	**Saya seorang penterjemah.**
	I'm a reporter	**Saya adalah wartawan.**
	I'm a journalist	**Saya adalah wartawan.**
	I'm an ambassador	**Saya seorang duta besar.**
	I'm an accountant	**saya seorang akauntan.**
	I'm a dentist.	**Saya seorang doktor gigi.**
	I'm an industrialist	**Saya seorang usahawan.**
	I'm a driver.	**Saya seorang pemandu.**
	I'm a carpenter.	**Saya seorang tukang kayu.**
	I'm a fisherman.	**Saya seorang nelayan.**
T :	What's your wife's job?	**Apa pekerjaan isteri kamu?**
J :	She is a guide.	**Dia seorang pemandu.**
	She is a stewardess	**Dia seorang pramugari**
	She's an antique dealer.	**Dia pedagang barang antik.**
	She owns an antique shop.	**Dia memiliki gedung antik.**
	She is the owner of an antique shop.	**Dia adalah pemilik sebuah gedung antik.**
	She sells bread and cakes.	**Dia menjual roti dan kueh-kueh.**
	She's a baker.	**Dia seorang tukang roti.**
	She owns a flower shop.	**Dia memiliki kedai bunga.**
	She's a florist.	**Dia seorang penjual bunga.**
	She's a newscaster.	**Dia seorang penyampai berita.**
	She's a radio announcer.	**Dia seorang penyiar radio.**
	She's is a ground hostess.	**Dia adalah seorang pramugari darat.**
	She's an air hostess.	**Dia adalah seorang pramugari udara.**

She's a telephone operator.	**Dia seorang operator telefon.**
She's a receptionist.	**Dia seorang penyambut tetamu.**
She's a secretary.	**Dia seorang secretari.**
She's a cashier.	**Dia seorang juruwang.**
She's a civil servant.	**Dia seorang kakitangan awam.**
She's in the civil service.	**Dia bekerja di perkhidmatan awam**
She works for the government.	**Dia bekerja pada kerajaan.**
She deals in textiles.	**Dia berdagang barang tekstil.**
She's a beautician.	**Dia adalah seorang ahli kecantikan.**
She owns a beauty parlour.	**Dia memiliki salun kecantikan.**
She's a hairdresser.	**Dia seorang pendandan.**
She set women's hair.	**Dia mengesut rambut wanita.**
She's a dressmaker.	**Dia seorang penjahit pakaian wanita.**
She's seamstress.	**Dia seorang tukang jahit (wanita).**
She is a singer.	**Dia seorang penyanyi.**
She is a dancer.	**Dia seorang penari.**
She is a musician.	**Dia seorang ahli muzik.**
She is a policewoman.	**Dia seorang polis wanita.**
She is a minister.	**Dia seorang menteri.**
She is an aurist.	**Dia seorang doktor telinga.**

25. GAMES/SPORT		PERMAINAN/ SUKAN
D	: Where are you going, Tan?	**Kamu mahu pergi ke mana Tan?**
T	: I'm going to play tennis.	**Saya mahu bermain tenis.**
D	: May I come with you? I want to watch the game.	**Bolehkah saya ikut? Saya ingin menyaksikan permainan itu.**
D	: Of course, you can come and join us.	**Tentu kamu boleh ikut dan bermain bersama kami.**
T	: I can't play tennis. I just want to watch the game.	**Saya tidak boleh bermain tenis. Saya hanya ingin menyaksikan permainan.**
D	: What's your hobby?	**Apa hobi kamu?**
T	: My hobby is jogging and swimming.	**Hobi saya berjoging dan berenang.**
D	: How long have you been playing tennis?	**Sudah berapa lama kamu bermain tenis?**
T	: I think about five years.	**Saya fikir kira-kira lima tahun.**
D	: You must be a good player, then.	**Kamu tentunya pemain yang baik.**
D	: Not so good.	**Tidak begitu baik.**
T	: What game do you like?	**Permainan apa yang kamu sukai?**

D	:	I prefer badminton to any other games.	**Saya suka badminton daripada permainan yang lain.**
D	:	Could you tell me why?	**Boleh beritahu saya kenapa?**
T	:	It doesn't cost much you see.	**Kamu tahu, biayanya tidak begitu mahal.**
D	:	Do you know Rashid Sidek?	**Apakah kamu tahu Rashid Sidek?**
T	:	Of course, I do. He's our national badminton champion.	**Tentu, saya tahu. Dia adalah juara nasional badminton negara kita.**
D	:	He just arrived from England yesterday.	**Dia baru tiba dari England kelmarin.**
T	:	Yes, I was at the airport when he arrived.	**Ya, saya berada di lapangan terbang ketika dia tiba.**
D	:	Where are you going in such a hurry?	**Kamu mahu ke mana tergesa-gesa begini?**
T	:	I'm going to buy a shuttlecock.	**Saya mau membeli bulu tangkis.**
D	:	Whom do you play with?	**Kamu bermain dengan siapa?**
T	:	I play with my father and my brother.	**Saya bermain dengan ayah dan abang saya.**
D	:	May I join you?	**Bolehkah saya ikut bermain?**
T	:	Why not? Come on join us please.	**Kenapa tidak? Mari kita main bersama.**

D	:	Do you know how to play table tennis?	**Tahukah kamu bagaimana bermain pingpong?**
T	:	Yes, I do but I'm not an expert.	**Ya, saya tahu tetapi saya bukan seorang pakar.**
D	:	Where did you learn it?	**Dimana kamu mempelajarinya?**
T	:	I learned it from my father. He plays almost every week, and I always watch him play.	**Saya belajar dari ayah saya. Dia bermain hampir setiap minggu dan saya selalu memerhatikan dia bermain.**
D	:	What's your program this afternoon?	**Apa rancangan kamu petang ini?**
T	:	I have no program at all. Do you plan anything?	**Saya sama sekali tidak ada rancangan. Apakah kamu punya sesuatu rancangan?**
D	:	Yes, I have a special program.	**Ya, saya punya rancangan istimewa.**
T	:	What's that?	**Apa itu?**
D	:	Watching a football game between Selangor and Kuala Lumpur.	**Menyaksikan pertandingan bola sepak antara Selangor dan Kuala Lumpur.**
T	:	Where will it take?	**Di mana ia berlangsung?**
D	:	It will take in Merdeka Stadium.	**Pertandingan akan berlangsung di Stadium Merdeka.**
T	:	What time will it start?	**Pukul berapa akan dimulakan?**

D	:	The game will start at four thirty.	**Pertandingan akan bermula pukul 4.30.**
T	:	Okay. Have you got the tickets?	**Sudah dapat tiketnya?**
D	:	Oh, of cours. I've booked two tickets for us.	**Oh, tentu. Saya sudah memesan dua tiket untuk kita berdua.**
D	:	What interesting friendship game it is!	**Ini merupakan pertandingan persahabatan yang menarik.**
T	:	Yes, it's the best game that I've ever seen.	**Ya, ini adalah pertandingan terbaik yang pernah saya lihat.**
D	:	The game has given me a special impression since the beginning.	**Buat saya, pertandingan ini sejak awal memberi kesan istimewa.**
D	:	Have you ever heard about golf?	**Apakah kamu pernah mendengar tentang golf?**
T	:	Yes, because it now is a popular sport in our country.	**Ya, kerana ia sekarang merupakan sukan yang popular di negara kita.**
D	:	Can you play golf?	**Apakah kamu boleh bermain golf?**
T	:	No, I can't but I wish to learn.	**Tidak, tetapi saya ingin mempelajarinya.**
D	:	I'll go to uncle Johan to ask about it.	**Saya akan pergi ke Pak cik Johan untuk bertanya tentang permainan ini.**

T	:	So will I.	**Begitu juga saya.**
D	:	Do you like shooting?	**Apakah kamu suka menembak?**
T	:	Yes, I like shooting very much.	**Ya, saya sangat suka menembak.**
D	:	Let's go shooting to the forest. We will shoot birds.	**Mari kita pergi menembak di hutan. Kita akan menembak burung.**
T	:	Is that forest reserved for shooting?	**Apakah hutan itu disediakan untuk menembak?**
D	:	Yes. Are you a good shooter?	**Ya. Apakah kamu penembak yang baik?**
T	:	No, I am rather bad at shooting.	**Tidak, saya kurang pandai menembak.**
D	:	You have to practice and practice. So, you will be a good shooter.	**Kamu harus terus berlatih. Dengan itu kamu akan menjadi penembak yang baik.**
T	:	And, we must clean our guns regularly.	**Dan kita harus bersihkan senapang kita secara tetap.**
D	:	It's going to rain. I'm afraid we can't go out.	**Hari mahu hujan. Saya khuatir kita tidak boleh keluar.**
T	:	What shall we do now?	**Apa yang perlu kita lakukan sekarang?**
D	:	Can you play chess?	**Apakah kamu boleh bermain catur?**

T	:	Yes, I can but I'm only a beginner.	**Ya, saya boleh tetapi baru bermula.**
D	:	I'm a beginner, too.	**Saya pun belum begitu pandai.**
T	:	We are both same, then. Let's play seriously.	**Kita berdua sama saja. Kalau begitu marilah kita bermain dengan serius.**
D	:	Do you like sport?	**Apakah kamu suka sukan?**
T	:	Yes, of course.	**Ya, tentu.**
D	:	What sport do you prefer?	**Jenis sukan apa yang kamu suka?**
T	:	I like badminton, swimming, jogging and basket ball.	**Saya suka badminton, renang, joging dan bola keranjang.**
D	:	Sport make our body strong and health.	**Sukan membuatkan badan kita kuat dan sihat.**
T	:	Do you like beach resort?	**Apakah kamu suka tempat peranginan pantai?**
D	:	Yes, because water sport is my favourite. I go to beach twice a month.	**Ya, kerana sukan air adalah kegemaran saya. Saya pergi ke pantai dua kali sebulan.**
T	:	You're obviously a good swimmer then.	**Kalau begitu kamu benar-benar perenang yang baik.**
D	:	When I was in Senior High School, I was a captain of school swimming team.	**Ketika saya di Sekolah Menengah saya menjadi kapten pasukan renang sekolah.**

T	:	Good. Have you won a swimming competition?	**Bagus. Apakah kamu pernah memenangi pertandingan renang?**
D	:	Yes, I have. I was the best swimmer for the breast stroke competition in Kuala Lumpur last year.	**Ya. Saya meraih gelaran perenang terbaik bagi gaya dada di Kuala Lumpur tahun lalu.**
D	:	Where's the nearest swimming-pool?	**Dimanakah kolam renang yang terdekat?**
T	:	It's about one kilometer.	**Sekitar satu kilometer.**
D	:	Let's go for swim.	**Mari kita berenang.**
T	:	Have you ever swim in the river?	**Pernahkah kamu mandi di sungai?**
D	:	No, never.	**Tidak, tidak pernah.**
T	:	Look there! The children like bathing in the river.	**Lihat di sana! Anak-anak suka mandi di sungai.**
D	:	Yes, but we are not the children.	**Ya, tetapi kita bukan anak-anak.**
T	:	Swimming after eating is not good I think.	**Saya kira, berenang selepas makan tidak baik.**
D	:	Of course. Because it can disturb our health especially for our digestion.	**Tentu. Kerana boleh mengganggu kesihatan khususnya bagi pencernaan kita.**
T	:	The current here is very strong. Let's swim to the opposite bank.	**Di sini arusnya terlalu kuat. Mari kita berenang ke tepian di depan kita.**
D	:	Well. Can't you swim against the stream?	**Baiklah. Apakah kamu tidak boleh berenang menentang arus?**

T	:	No, I can't.	**Tidak boleh.**
D	:	Is this part for swimmers only?	**Apakah ini tempat khusus untuk perenang?**
T	:	Yes, I think. Look at the board there! Don't swim beyond the danger sign.	**Saya kira, ya. Lihatlah papan di sana! Jangan berenang melewati tanda bahaya.**
D	:	We must be careful.	**Kita harus hati-hati.**

26. TAKING A REST — BERISTIRAHAT

catatan: I = ibu R = Rosni

I	:	Rosni, it's time to take a rest. You've worked hard today.	**Rosni, sudah waktunya untuk beristirahat. Kamu telah bekerja keras hari ini.**
R	:	Yes, mummy. I'll finish it soon.	**Ya, ibu. Saya akan segera menyelesaikannya.**
I	:	Don't you remember that you are invited to Dewi's house this evening?	**Tidakkah kamu ingat bahawa kamu diundang ke rumah Dewi petang ini?**
R	:	Yes, mum. I'll take a rest after finishing it.	**Ya, ibu. Saya akan istirahat setelah selesaikan pekerjaan ini.**
A	:	If you'll excuse me but I've to go now.	**Maaf, saya harus pergi sekarang.**
B	:	Why are you in a hurry?	**Kenapa kamu tergesa-gesa?**
A	:	I'm not feeling well.	**Saya merasa tidak sedap badan.**
B	:	You'd better go and see a doctor and take plenty of rest.	**Sebaiknya kamu pergi berjumpa doktor dan banyakkan beristirahat.**
A	:	Yes, I will. Good-bye. See you later.	**Ya. Selamat tinggal. Sampai berjumpa kembali.**
A	:	Is your father at home?	**Apakah ayah kamu ada di rumah?**
B	:	Yes, he is.	**Ya, dia ada.**

A	:	May I see him for a moment?	**Bolehkah saya menemuinya sebentar?**
B	:	I'm afraid, you may not. He's taking a rest at the moment.	**Saya rasa, kamu tidak boleh bertemu. Sekarang ini dia sedang beristirahat.**
A	:	But it's very important, you see.	**Tetapi ini persoalan yang sangat penting, kamu tahu.**
B	:	Sorry. He told me not to be disturbed.	**Maaf, dia berpesan untuk tidak diganggu.**
A	:	Okay. I'll come again later.	**Baiklah. Saya akan datang lagi nanti.**
A	:	You seemed to be very busy during the general meeting.	**Nampaknya kamu sangat sibuk selama mesyuarat umum.**
B	:	Indeed. After all, it's my duty.	**Memang benar, bagaimana lagi, itu adalah kewajiban saya.**
A	:	You should take a rest now.	**Seharusnya kamu istirahat sekarang.**
B	:	That's right. I'm going to take a nap now.	**Itu benar. Saya akan tidur sebentar.**

27. TELEVISION — TELEVISYEN

D	:	Do you have a television?	**Apakah kamu mempunyai televisyen?**
R	:	No, I don't. Our house hasn't got electricity yet.	**Tidak. Rumah kami belum ada elektrik lagi.**
D	:	Do you have a radio transistor?	**Apakah kamu mempunyai radio transistor?**
R	:	No, I don't have either.	**Tidak. Saya juga tidak mempunyai radio.**
D	:	Do you watch television every day?	**Apakah kamu menonton televisyen setiap hari?**
R	:	Yes, I do. But I have to do my homework before it.	**Ya, tetapi saya harus menyiapkan kerja rumah dulu.**
D	:	That's good. Do your little brother and sister like watching television too?	**Itu bagus. Apakah adik lelaki dan perempuan kamu juga suka menonton televisyen?**
R	:	Surely, but my father told them to watch it till the news broadcast at 8.00 p.m.	**Tentu, tetapi ayah menyuruh mereka menonton hingga siaran berita pukul 8 malam.**
D	:	That's good.	**Bagus.**
R	:	What television programmes do you like?	**Rancangan apa yang kamu suka?**
D	:	I like world news broadcast, the week-end movies and cowboy films.	**Saya suka siaran berita dunia, filem hujung minggu dan filem-filem koboi.**

R	:	Do you like detective films, too?	**Apakah kamu juga suka filem-filem detektif?**
D	:	They're also interest.	**Itu juga menarik.**
R	:	Would you like to watch football match at Merdeka Stadium?	**Apakah kamu mahu menonton pertandingan bolasepak di Stadium Merdeka?**
D	:	I'm sorry, I don't. It's very crowded. I think it's better to watch it on television.	**Maaf, saya tidak mahu kerana terlalu ramai. Saya rasa lebih baik menyaksikannya di televisyen.**
R	:	But I've no television set at home.	**Tetapi saya tidak punya televisyen di rumah.**
D	:	Please come and see at my house.	**Silalah datang ke rumah saya untuk menyaksikannya.**
R	:	Ah, you are very kind, thanks.	**Ah, kamu sungguh baik hati, terima kasih.**
D	:	I'm very happy to own a television set.	**Saya sangat gembira mempunyai sebuah televisyen.**
R	:	Of course. You can hear and watch what happens from time to time all over the world.	**Tentu. Kamu boleh mendengar dan menyaksikan apa yang terjadi di dunia dari semasa ke semasa.**
D	:	That's right. Sometimes we can watch important events such the assembly of ASEAN.	**Benar. Kadang-kadang kita dapat menyaksikan kejadian-kejadian penting seperti sidang ASEAN.**
R	:	Do you like listening to the radio?	**Apakah kamu suka mendengarkan radio?**

D :	Yes, I do. You know, the radio programme lasts 24 hours each day?	**Ya. Kamu tahu bahawa rancangan-rancangan radio selama 24 jam setiap hari?**
R :	You're absolutely right.	**Benar sekali.**
R :	What programmes do you like on the radio?	**Rancangan apa yang kamu sukai di radio?**
D :	I like music, news and plays.	**Saya suka muzik, berita dan sandiwara radio.**
R :	What kind of music do you like?	**Jenis muzik apa yang kamu sukai?**
D :	I like jazz.	**Saya suka muzik jazz.**
R :	Why do you like that music?	**Kenapa kamu muzik itu?**
D :	Because there are full of improvisation. How about you?	**Kerana penuh dengan improvisasi. Bagaimana dengan kamu?**
R :	I like dangdut and rock more than the others.	**Saya lebih suka dangdut dan rock daripada jenis muzik lainnya.**
D :	Do you have a walkman?	**Apakah kamu mempunyai walkman?**
R :	No, I don't but my sister does.	**Tidak, tetapi kakak saya ada.**
D :	Are you fond of listening to the music from the radio?	**Apakah kamu suka mendengar muzik dari radio?**

R	:	I'm sorry, my sister doesn't allow me to touch it.	**Maaf, kakak saya tidak mengizinkan saya menggunakannya.**
D	:	Why?	**Kenapa?**
R	:	It's very expensive and she's afraid it might be spoiled.	**Harganya sangat mahal dan dia takut rosak.**
R	:	Do you watch the Bahasa Malaysia lessons on television?	**Apakah kamu menyaksikan pelajaran Bahasa Malaysia di televisyen?**
D	:	Yes, I always watch.	**Ya, saya selalu menontonnya.**
R	:	What about English lessons?	**Bagaimana dengan pelajaran Bahasa Inggeris?**
D	:	As a matter of fact, I like it but I prefer Bahasa Malaysia to English. And you?	**Sebenarnya saya juga suka tetapi saya lebih suka Bahasa Malaysia daripada Bahasa Inggeris. Bagaimana dengan kamu?**
R	:	I sometimes also listen to the English lessons on the Radio One.	**Saya kadang-kadang juga mendengar pelajaran Bahasa Inggeris di Radio Satu.**
R	:	I've got a new cassete at home. My father bought it for me.	**Saya punya kaset baru di rumah. Ayah membelikannya untuk saya.**
D	:	You are fond of listening to tape-recorder, aren't you?	**Kamu gemar mendengarkan perakam pita, bukan?**

R :	Yes, I am. Besides listening to songs. I also learn English from the tape-recorder. I've bought a set of English lessons.	**Ya, di samping mendengar lagu-lagu saya juga belajar Bahasa Inggeris dari perakam pita. Saya telah membeli satu set pelajaran Bahasa Inggeris**
D :	Good. May I come to your house to listen to it someday?	**Baik. Bolehkah saya datang ke rumah untuk mendengarnya, suatu hari nanti?**
R :	Sure, you can come any day.	**Tentu, kamu boleh datang bila-bila saja.**
R :	I'd like to watch television, tonight.	**Saya mahu menonton televisyen malam ini.**
D :	Is there anything interesting?	**Apakah ada apa-apa yang menarik?**
R :	Bill Clinton will present his speech about the Middle East at 8.30 tonight.	**Bill Clinton akan menyampaikan ucapannya tentang Timur Tengah pada pukul 8.30 malam ini.**
D :	I'd like to watch it, too.	**Saya juga ingin menyaksikannya.**
R :	Then, we can watch football world cup match.	**Kemudian, kita boleh menonton pertandingan bola sepak piala dunia.**
D :	Good.	**Bagus.**

28. GOING TO THE MOVIES		MENONTON WAYANG
R	Would you like to go to cinema tonight?	**Apakah kamu mahu menonton wayang malam ini?**
D	Is there a cowboy film on? I like cowboy films.	**Apakah ada cerita koboi yang ditayangkan? Saya suka dengan cerita-cerita koboi.**
R	Yes, a cowboy film is on at Odean. What time is it now?	**Ya, cerita koboi sedang ditayangkan di Odeon. Pukul berapa sekarang?**
D	It's ten minutes to ten.	**Pukul 9.50.**
R	If you'd like to go, we have to leave now.	**Kalau kamu mahu pergi, kita harus berangkat sekarang.**
D	Okay. Let's go. We won't be late.	**Baiklah. Mari kita pergi. Kita tidak boleh terlambat.**
R	You look so tired, Dewi?	**Kamu kelihatan sangat penat, Dewi?**
D	I slept late last night.	**Saya tidur lewat malam tadi.**
R	What did you do?	**Apa yang kamu buat?**
D	I saw a mid-night movie last night.	**Saya menonton filem tengah malam.**
R	What film did you see last night?	**Filem apa yang kamu lihat malam tadi?**

D	:	Chinese one.	**Filem Cina.**
R	:	What's the theme?	**Apa temanya?**
D	:	It's an action film. Drama comedy Mystic Revolution Horror Legend History	**Ia adalah filem aksi.** **Drama komedi** **Mistik** **Revolusi** **Seram** **Legenda** **Sejarah**
R	:	Would you like to go to the movies with me tonight?	**Apakah kamu mahu pergi menonton filem dengan saya malam ini?**
D	:	No, thanks anyway. I feel so tired. I want to stay home tonight.	**Tidak, terima kasih. Saya merasa amat letih. Saya mahu tinggal di rumah saja malam ini.**
R	:	What a pitty!	**Aduh, sayang sekali!**
D	:	I have to go alone, then.	**Kalau begitu, saya terpaksa pergi sendirian.**
R	:	Why do you like to see the film?	**Kenapa kamu suka melihat filem itu?**
D	:	It's sometimes titallated moved enggrased excited frightened tensed worried	**Filem itu kadang-kadang menggelikan.** **mengharukan** **mengasyikkan** **menggairahkan** **menakutkan** **menegangkan** **mengkhuatirkan**

R	:	Sorry. Next time I hope to go with you. Please enjoy yourself.	**Maaf. Saya berharap lain kali boleh pergi bersama kamu. Semoga kamu bergembira.**
D	:	Are you busy this evening, Tan?	**Apakah kamu sibuk petang nanti, Tan?**
T	:	No. Where are you going to, Dewi?	**Tidak. Kau mahu ke mana, Dewi?**
D	:	Do you really have a spare time?	**Apakah kamu benar-benar ada waktu luang?**
T	:	Of course. I have no program at all to day.	**Tentu. Saya tidak ada rancangan sama sekali hari ini.**
D	:	I want you to go with me this evening. There's a good film on Odeon Theatre. Join me, okay?	**Saya ingin kamu ikut saya petang ini. Ada filem bagus di Panggung Odeon. Ikut saya, ya?**
R	:	Do you like Tamil films?	**Apakah kamu suka menonton filem-filem Tamil?**
D	:	Not really, but sometimes my mother asks me to accompany her to see it.	**Tidak, tetapi kadang-kadang ibu meminta saya menemaninya menonton filem-filem Tamil.**
R	:	She likes it very much, isn't it?	**Dia sangat menyukainya, bukan?**
D	:	Sure. She like it immensely. She sees almost every week.	**Tentu, ibu menyukainya. Setiap minggu dia menontonnya.**

D	:	Where are you going, Tan?	**Kamu mahu pergi ke mana, Tan?**
T	:	I'm going to the movies.	**Saya mahu menonton filem.**
D	:	What is it about?	**Filem tentang apa?**
T	:	It's an American film. A very wonderful love story.	**Filem Amerika. Sebuah kisah cinta yang bagus sekali.**
		It's a Chinese film. It's a Japanese film. It's an Australian film. It's an English film.	**Ini filem Cina. Ini filem Jepun. Ini filem Australia. Ini filem Inggeris.**
D	:	Who's the leading actor?	**Siapa aktor utamanya?**
T	:	Charles Bronson.	**Charles Bronson.**
D	:	Do you know who the leading actress is?	**Apakah kamu tahu siapa pemain utama wanitanya?**
T	:	Yes, Jeanette Ferguson. She is the best actress in Hollywood.	**Ya, Jeanette Ferguson. Dia aktres terbaik di Hollywood.**
D	:	She is my favourite film star. I like her most.	**Dia adalah bintang filem kesayangan saya. Saya sangat menyukainya.**
T	:	So do I.	**Begitu juga saya.**
D	:	It must be a good film.	**Ini tentu filem yang baik.**
R	:	What about going to the theatre this evening?	**Bagaimana kalau kita menonton teater petang ini?**
D	:	I'll be glad to. Do you know what drama will be shown this evening?	**Saya amat gembira. Apakah kamu tahu drama apa yang akan dipentaskan petang ini?**

R	:	Romance drama. Romeo and Juliet which was written by Shakespeare, the famous playwriter of England.	**Drama percintaan. Kisah Romeo dan Juliet tulisan Shakespeare, seorang pengarang yang terkenal dari England.**
D	:	It's an excellent story. I'll be ready by six o'clock. Please don't be late.	**Itu cerita yang bagus. Saya akan siap sebelum pukul 6. Jangan terlambat.**
R	:	Okay. I'll pick you up.	**Ok. Saya akan menjemput kamu.**
D	:	What time will you take me to see the film? What performance are we going to see?	**Jam berapa kamu mahu mengajak saya menonton filem itu? Kita mahu menonton pertunjukkan yang ke berapa?**
T	:	That's all up to you.	**Terserah kepada kamu saja.**
D	:	Shall we go to the first or the second show?	**Kita akan menonton pertunjukan pertama atau yang kedua?**
T	:	I think the second one is very suitable for us.	**Saya kira pertunjukkan kedua sangat sesuai untuk kita.**
D	:	What time does it begin?	**Jam berapa ia bermula?**
T	:	The second performance must begin at five sharp.	**Pertunjukan kedua akan dimulai tepat pukul lima.**
D	:	Well. I'll wait for you here at half past four.	**Baiklah. Saya akan menunggumu di sini pada pukul 4.30.**

D	:	Have you ever been to Federal Theatre?	**Apakah kamu pergi pergi ke Pawagam Federal?**
R	:	What about going tonight? I'll take my father's car. I'll call you up later.	**Bagaimana kalau kita pergi malam ini? Saya akan membawa kereta ayah. Saya akan menelefon kamu nanti.**
D	:	I'll be glad to, thanks.	**Baiklah, terima kasih.**
D	:	Please give me two tickets.	**Tolong berikan saya dua tiket.**
P	:	Nine ringgit , please.	**Sembilan ringgit.**
D	:	Here you are.	**Ini wangnya.**
P	:	Here's the change. Here are the tickets.	**Ini bakinya dan ini tiketnya.**
D	:	Thanks.	**Terima kasih.**
P	:	You're welcome.	**Terima kasih kembali.**
R	:	Has the film begun?	**Apakah filem sudah dimulakan?**
D	:	No, not yet.	**Belum.**
T	:	Your tickets, please!	**Tiketnya!**
D	:	Here you are.	**Ini dia.**
T	:	This way please, your seats are number eight and nine.	**Silakan ikut jalan ini, tempat duduk anda nombor 8 dan 9.**
D	:	Thank you.	**Terima kasih.**
T	:	You're welcome.	**Sama-sama.**

D	:	Let's go to the canteen to have some ice cream.	**Mari ke kantin membeli ais krim.**
R	:	O.K, and I'd like to smoke a cigarette, outside.	**Baiklah, dan saya akan merokok di luar.**
D	:	Two ice-creams, please. And here's the money.	**Minta dua ais krim. Ini wangnya.**
E	:	Thank you.	**Terima kasih.**

29. ASKING WAYS & PLACES	BERTANYAKAN JALAN & TEMPAT
R : Excuse me, could you tell me where is this address, please?	**Maafkan saya, bolehkan anda beritahu dimanakah alamat ini?**
D : Certainly. Go straight on, and turn right at the next corner. That's the street you are looking for and you can find the house number.	**Tentu. Jalan terus dan belok kanan di selekoh berikutnya. Itulah jalan yang anda cari dan anda boleh mencari nombor rumahnya.**
R : Thank you for your information.	**Terima kasih atas maklumat anda.**
D : Don't mention it.	**Sama-sama.**
R : Excuse me, sir. Would you like to tell me what the main points of interest in this city?	**Maafkan saya, encik. Sudikah encik menunjukkan tempat-tempat yang menarik di kota ini?**
D : There are many interesting places here. You can enjoy all of them if you have a long holiday.	**Di sini banyak tempat yang menarik. Kamu boleh menikmati semuanya bila punya cuti panjang.**
R : Which is the most interesting?	**Apa yang paling menarik?**
D : Eem, are you interested in antique things?	**Apakah kamu tertarik pada benda-benda antik?**
R : Of course. I'm interested in archeology.	**Tentu. Saya tertarik pada kaji purba.**

D	:	Are you an archeologist?	**Apakah anda seorang ahli kaji purba?**
R	:	Yes. Can you tell me where the nearest museum here?	**Ya. Bolehkah tolong tunjukkan di mana muzium yang terdekat di sini?**
D	:	Not too far from here. It's only about a half kilometer to the east.	**Tidak begitu jauh dari sini. Hanya sekitar setengah kilometer ke timur.**
R	:	How to get there?	**Bagaimana untuk sampai ke sana?**
D	:	You can go on foot.	**Anda boleh jalan kaki.**
R	:	Thank you.	**Terima kasih**
D	:	You're welcome.	**Sama-sama.**
R	:	Pardon me. Can you tell me the way to the railway station?	**Maafkan saya. Bolehkah anda tunjukkan jalan ke stesen kereta api?**
D	:	Sure, but it's quite far from here. You'd better take a taxi and pay only four to five ringgit.	**Tentu, tetapi agak sangat jauh dari sini. Sebaiknya anda naik teksi dan membayar hanya empat hingga lima ringgit.**
R	:	Thanks for your help.	**Terima kasih atas bantuan anda.**
D	:	Not at all.	**Sama-sama.**
R	:	Excuse me. Could you please tell me where is the room number 147?	**Maafkan saya, bolehkah anda memberitahu kepada saya dimana bilik nombor 147?**

D	:	Yes, it's on the fouth floor. You can use the lift. It's exactly in front of you.	**Ya, bilik itu di tingkat empat. Anda boleh menggunakan lif. Ia betul-betul depan anda.**
R	:	Thank you very much.	**Terima kasih.**
D	:	You're welcome.	**Sama-sama.**
R	:	Excuse me. Is this the way to the hospital?	**Maafkan saya. Apakah ini jalan ke hospital?**
D	:	No, not this one. Do you see the main road over there?	**Tidak, bukan yang ini. Apakah anda melihat jalan utama di sebelah sana?**
R	:	Yes, madam.	**Ya, puan.**
D	:	Go to that road, turn left, go straight on until you find a big building. That's the hospital.	**Pergilah ke jalan itu, belok ke kiri, jalan terus sampai anda berjumpa bangunan besar. Itulah hospital.**
R	:	Thank you.	**Terima kasih.**
D	:	Not at all.	**Sama-sama.**
R	:	Excuse me. Which way do I go to the Mawar Hotel?	**Maafkan saya, Mana jalan menuju ke Hotel Mawar?**
D	:	You can go by this way. This is the right way for Mawar Hotel.	**Anda boleh mengikuti jalan ini. Inilah jalan yang betul untuk sampai ke Hotel Mawar.**
R	:	What is the name of this road?	**Apa nama jalan ini?**
D	:	This is Jalan Ipoh road.	**Ini Jalan Ipoh.**

R	:	Can I go on foot to get there?	**Apakah boleh berjalan kaki untuk sampai ke sana?**
D	:	Of course. But I'm afraid you'll be very tired.	**Tentu. Tapi saya khuatir anda akan letih.**
R	:	Is it too far from here?	**Apakah sangat jauh dari sini?**
		How far is it?	**Berapa jauhnya?**
D	:	It's about three miles. I think it's better if you take a bus or taxi.	**Sekitar tiga batu. Saya rasa lebih baik anda naik bas atau teksi.**
R	:	How much is it?	**Berapa bayarannya?**
D	:	One ringgit by bus or about two ringgit and fifty by taxi.	**Satu ringgit dengan bas atau sekitar dua ringgit lima puluh sen dengan teksi.**
R	:	Excuse me, madam. Could you tell me where the nearest movie here?	**Maafkan saya puan. Bolehkah beritahu saya dimana pawagam terdekat sini?**
D	:	Of course. It's about five kilometres from here.	**Tentu. Ia sekitar 5 kilometer dari sini.**
R	:	How to reach this place?	**Bagaimana untuk sampai ke sana?**
D	:	You can go by taxi.	**Anda boleh naik teksi.**
R	:	How much is it?	**Berapa bayarannya?**
D	:	It's about three ringgit.	**Sekitar tiga ringgit.**
R	:	Thank you so much.	**Terima kasih.**

D	:	You're welcome.	**Sama-sama.**
D	:	Excuse me. Sir. Could you tell me where the Ambarukmo Hotel is?	**Maaf, encik. Boleh encik tunjukkan dimana Hotel Ambarukmo?**
R	:	Certainly. It's just facing the building of Tourism.	**Kenapa tidak. Hotel itu hanya berhadapan dengan bangunan Pelancungan.**
D	:	Is it far from here?	**Jauhkah dari sini?**
R	:	No, it's only about two and a half kilometers.	**Tidak. Hanya sekitar dua setengah kilometer.**
D	:	Can I go there by foot?	**Apakah saya boleh ke sana berjalan kaki?**
R	:	Of course. But I think you'd better go by bus or taxi. You can ask the taxi driver or anyone in the bus.	**Saya rasa sebaiknya anda naik bas atau teksi. Anda boleh bertanya kepada pemandu teksi atau siapa sahaja dalam bas.**
D	:	Thank you, sir.	**Terima kasih, encik.**
R	:	Not at all.	**Sama-sama.**
R	:	Excuse me, madam. What's the quickest way to get the bus stop from here?	**Maafkan saya, puan. Bagaimana jalan tercepat untuk sampai ke perhentian bas dari sini?**
D	:	It's straight along the road, then turn left and turn right. It's on the right-hand side of the road.	**Silakan terus, kemudian belok kiri dan belok kanan. Ia ada di sebelah kanan jalan.**

R	:	Thank you, madam. You're very kind to me.	**Terima kasih, puan. Puan sungguh baik hati kepada saya.**
D	:	No, thanks. Are you stranger here?	**Sama-sama. Apakah anda orang baru di sini?**
R	:	Yes, madam.	**Ya, puan.**
R	:	Excuse me, sir. Where's the bus station?	**Maaf, encik. Di mana terminal bas?**
D	:	Please you go straight ahead.	**Silakan jalan lurus terus.**
R	:	How to get there?	**Bagaimana untuk sampai ke sana?**
D	:	You can go on foot. Because it's only three hundred meters from here.	**Anda boleh jalan kaki. Kerana jaraknya hanya sekitar 300 meter dari sini.**
		Where are you going to go, Madam?	**Puan mahu kemana?**
R	:	I'm on my way to Ipoh. How often do the buses leave for Ipoh?	**Saya dalam perjalanan ke Ipoh. Tiap berapa minit bus berangkat ke Ipoh?**
D	:	I think they leave every one hour.	**Saya kira, bas-bas itu berangkat setiap 1 jam.**
R	:	Excuse me. Which is the way to Elvizon Book Store?	**Maaf, yang mana jalan ke Kedai Buku Elvizon?**
D	:	I'm sorry, I don't know. I'm a stranger here.	**Maaf, saya tidak tahu. Saya orang baru di sini.**
R	:	Are you a foreigner?	**Apakah anda orang asing?**

D	:	No, but I've just been here for two weeks.	**Bukan, tetapi saya baru di sini selama 2 minggu.**
R	:	Pardon me, sir. Perhaps, you've ever heard the Elvizon Book Store is?	**Maaf, encik. Barangkali encik pernah mendengar kedai Buku Elvizon?**
D	:	Wait a moment. If I'm not mistaken it is over there but I don't know exactly.	**Sebentar. Kalau saya tidak salah, kedai itu di sebelah sana, tetapi saya tidak tahu tepatnya.**
R	:	Is it at Jalan Pattimura?	**Apakah ia di Jalan Pattimura?**
D	:	Right. It's not far from here, about four to five hundrend meters. So, you can go on foot to reach the store.	**Benar. Kedai itu tidak jauh dari sini, sekitar empat hingga lima ratus meter dari sini. Jadi, anda boleh jalan kaki untuk sampai ke sana.**
R	:	Thanks.	**Terima kasih.**
D	:	You're welcome.	**Sama-sama.**
D	:	Excuse me, sir. Do you know where the nearest representative restaurant here?	**Maaf, encik. Apakah anda tahu dimana restoran yang memadai dan terdekat dari sini?**
R	:	Do you want to have a lunch?	**Apakah anda ingin makan tengahari?**
D	:	Yes, sir. I'm a new comer. So, I don't know where the nearest one. I need the nearest and the	**Ya, encik. Saya orang baru. Jadi saya tidak tahu di mana restoran yang terdekat. Saya ingin yang**

	cheapest one.	**terdekat sekaligus yang paling murah.**
R :	Okay, please you go straight ahead. It's only about a half kilometer more.	**Baiklah, sila jalan terus. Restoran itu hanya sekitar setengah kilometer lagi.**
D :	Thank you, Sir.	**Terima kasih, encik.**
R :	Not at all.	**Sama-sama.**

30. NEWSPAPER		SURATKHABAR
D	Do you read newspaper everyday?	**Apakah kamu membaca suratkhabar setiap hari?**
R	Of course, otherwise I wouldn't know the everyday events.	**Tentu, jika tidak saya tidak akan tahu peristiwa yang terjadi setiap hari.**
D	What articles do you like?	**Artikel-artikel apa yang kamu sukai?**
R	On the whole, I like all articles but I find the headlines most interesting.	**Umumnya, saya suka semua artikel tetapi buat saya tajuk berita adalah yang paling menarik.**
D	What are you doing, Sani?	**Apa yang kamu lakukan, Sani?**
R	I'm reading a newspaper.	**Saya sedang membaca suratkhabar.**
D	Is there anything new?	**Ada sesuatu yang baru?**
R	Yes, It's a declaration of a new cabinet.	**Ya, ada. Berita tentang pembentukan kabinet baru.**
D	Do you have much time to read newspaper?	**Apakah kamu punya banyak waktu untuk membaca suratkhabar?**
R	Sure. I read newspaper in the morning before going to office.	**Tentu. Saya membaca suratkhabar setiap pagi sebelum pergi ke pejabat.**

D :	What newspaper do you read every morning?	**Suratkhabar apa yang kamu baca setiap pagi?**
R :	I read Utusan Malaysia and Berita Harian.	**Saya membaca Utusan Malaysia dan Berita Harian.**
D :	Do you have today newspaper?	**Apakah kamu punya akhbar hari ini?**
R :	No, I don't. I left it in my office.	**Tidak. Saya tinggalkannya di pejabat.**
D :	Would you like to buy me a newspaper, please?	**Mahukah kamu membelikan akhbar untuk saya?**
R :	All right, Dewi but I want to have my lunch, first.	**Baiklah. Tapi saya mahu makan tengahari dulu, Dewi.**
D :	Please go ahead. You can buy it after having a lunch.	**Silakan. Kamu boleh membelinya setelah makan tengahari.**
D :	Have you ever read an English newspaper?	**Apakah kamu pernah membaca suratkhabar berbahasa Inggeris?**
R :	Yes, I have.	**Ya, pernah.**
D :	Did you have any problem?	**Adakah kamu mengalami kesulitan?**
R :	In the beginning I did, I find some problem especially in vocabularies. It's difficult to understand, but I gradually find it easy to read.	**Pada mulanya, ada. Khususnya dalam perbendaharaan kata. Sulit untuk memahaminya. Tetapi lama-lama mudah juga untuk membacanya.**
D :	Where is the book store?	**Dimana kedai buku?**

		Stationery store.	**Kedai alat-alat tulis.**
R	:	What for?	**Untuk apa?**
D	:	I need a newspaper.	**Saya mahukan surat-khabar.**
R	:	You can find it in a news stand near here.	**Kamu boleh memperolehnya di kedai akhbar dekat sini.**
D	:	It is open now?	**Sudahkah kedai itu dibuka sekarang?**
R	:	Of course.	**Tentu.**
D	:	What time does it close?	**Jam berapa kedai itu tutup?**
R	:	It usually closes at nine in the evening.	**Biasanya kedai tutup pukul sembilan malam.**
D	:	Thank you.	**Terima kasih.**
R	:	You're welcome.	**Sama-sama.**
D	:	Excuse me, sir. What can I do for you?	**Maafkan saya encik. Boleh saya bantu?**
R	:	I want to buy a newspaper and a magazine?	**Saya ingin membeli sebuah suratkhabar dan majalah.**
D	:	A daily newspaper?	**Suratkhabar harian?**
R	:	Yes, I want to know what happened in the world yesterday.	**Ya, saya ingin tahu apa yang terjadi di dunia kelmarin.**
D	:	Well. All the daily newspaper must report all the important events from all over the world.	**Baiklah. Semua suratkhabar harian tentu melaporkan semua peristiwa penting dari seluruh dunia.**

R :	Reading can enlarge our experience.	**Membaca dapat memperluas pengalaman kita.**
D :	Not only our experience but also our knowledge.	**Bukan hanya pengalaman tetapi juga pengetahuan kita.**
R :	How much is it?	**Berapa harganya ini?**
D :	The foreign newspaper is a little more expensive than a local one.	**Akhbar luar negeri sedikit lebih mahal daripada akhbar tempatan.**
R :	No problem.	**Tak apa.**
D :	What are you reading, Rani?	**Apa yang sedang kamu baca, Rani?**
R :	I'm reading a weekly magazine.	**Saya sedang membaca majalah mingguan.**
D :	Let me see.	**Boleh saya lihat.**
R :	Please. Here you are.	**Silakan. Ini dia.**
D :	What a good magazine! It's a female magazine.	**Sungguh bagus majalah ini! Ini majalah wanita.**
R :	It contains some soft news.	**Majalah ini berisi beberapa berita ringan.**
D :	We can find a short story and some poems.	**Kita juga boleh dapati cerita pendek dan beberapa puisi.**
D :	What is that?	**Apa itu?**
R :	It's a news magazine.	**Ini adalah majalah berita.**
	Newspaper	**Suratkhabar**
	Scientific journal	**Jurnal Sains**
	A journal	**Jurnal**

		Daily newspaper	**Akhbar harian**
		Weekly magazine	**Majalah mingguan**
		A fortnightly magazine	**Majalah tengah bulanan**
		A moonthly magazine	**Majalah bulanan**
D	:	May I have a look?	**Boleh saya melihatnya?**
R	:	Yes, of course. Here you are.	**Tentu.** **Ini dia.**
D	:	Eeem, can you recomended a good English magazine?	**Bolehkah tunjukkan majalah berbahasa Inggeris yang baik?**
R	:	Yes, madam.	**Ya, puan.**
D	:	How much is it? How much is this, please?	**Berapa harganya?** **Berapa harganya?**
R	:	It's three ringgit.	**Majalah ini harganya tiga ringgit.**

31. LETTER AND POST OFFICE

SURAT DAN PEJABAT POS

D :	Where are you going, Rani?	**Kamu mahu pergi ke mana, Rani?**
R :	I'm going to the post office.	**Saya mahu ke pejabat pos.**
D :	What for?	**Untuk apa?**
R :	I'll send these letters. Have you ever written a letter?	**Saya mahu mengirimkan surat-surat ini. Apakah kamu pernah menulis surat?**
D :	Yes, I have. I sent a letter to my uncle a few days ago.	**Ya, pernah. Saya ada mengirimkan surat untuk pak cik saya beberapa hari yang lalu.**
R :	Please tell me how to mail a letter?	**Tolong jelaskan kepada saya bagaimana untuk mengirim surat?**
D :	Okay. It's very easy. First, you write letter. Put the letter into an envelope and seal it. Then write down the address.	**Baik. Itu sangat mudah. Pertama, tulis suratnya. Masukkan surat itu ke dalam sampul dan gamkan. Kemudian tuliskan alamatnya.**
R :	That's all I know. I mean how to mail it?	**Saya tahu semua itu. Maksud saya, bagaimana mengeposkan surat?**

D :	Please you put enough stamps on the right top side of the envelop. Finally put the letter into the post office.	**Letakkan setem secukupnya pada sebelah kanan atas sampul. Akhirnya, masukkan surat itu ke pejabat pos.**

P = pegawai pejabat pos

P :	Can I help you?	**Boleh saya bantu?**
R :	Yes, I want some one ringgit stamps.	**Ya, saya mahu setem satu ringgit.**
P :	Here you are, sir.	**Ini dia, encik.**
R :	Can I leave this letter here?	**Bolehkah saya tinggalkan surat di sini?**
P :	Please don't. Go out and on you left, you'll find some letter boxes. Put your letter into the box marked "overseas".	**Jangan. Sila ke luar dan di sebelah kiri anda, anda akan temui beberapa kotak surat. Masukkan surat anda ke dalam tong yang bertuliskan "luar negeri".**
D :	Thank you.	**Terima kasih.**
R :	Excuse me, sir. Which counter is for international money order?	**Maaf, encik. Yang mana kaunter untuk pengiriman wang internasional?**
P :	Please go to that counter, the man with glasses over there.	**Silakan pergi ke kaunter lelaki yang berkaca mata di sebelah sana.**
R :	Thank you, sir.	**Terima kasih, encik.**
P :	You're welcome.	**Sama-sama.**
R :	Excuse me, sir. What is	**Maafkan, saya encik.**

		the postage for this letter?	**Berapa harga bayaran pos untuk surat ini?**
P	:	Where do you want to send it?	**Surat ini mahu anda kirim ke mana?**
R	:	To New York, America.	**Ke New York, Amerika.**
P	:	Let me weight it first. I want to know how much it weights.	**Mari saya timbangnya dulu. Saya ingin tahu berapa beratnya.**
R	:	Oh, it is three ringgit.	**Oh, ini tiga ringgit.**
D	:	Do you know where the nearest post office here?	**Apakah kamu tahu di mana pejabat pos yang terdekat?**
R	:	Go straight ahead. It's about two kilometres from here.	**Terus lurus. Jaraknya sekitar 2 kilometer dari sini?**
D	:	I want to mail this letter.	**Saya ingin mengirimkan surat ini.**
R	:	I think it's better if you deposit it in the mail box.	**Saya kira surat ini lebih baik anda masukkan ke kotak pengiriman.**
D	:	Where's the nearest mail box here?	**Di mana kotak pos paling dekat dari sini?**
R	:	Turn left, you'll find it at the corner.	**Belok kiri, anda akan menemukannya di selekoh.**
D	:	Excuse me, sir. Can you tell me the way to the nearest post office.	**Maafkan, encik. Tolong, beritahu jalan ke pejabat pos terdekat.**
R	:	Over there, at Maharajalela Street.	**Di sana, di Jalan Maharajalela.**

D	:	How to get there?	**Bagaimana untuk sampai ke sana?**
R	:	You can go by taxi or bus.	**Anda boleh naik teksi atau bas.**
		You can get the bus in the bus-stop in front of you.	**Anda boleh naik bas dari tempat pemberhentian bas di depan anda.**
D	:	What times does the post office close?	**Pukul berapa pejabat pos tutup?**
D	:	Have you any paper, Rani?	**Apakah kamu ada kertas, Rani?**
R	:	Yes, I have. Here you're, What for?	**Ya, saya ada. Ini dia. Untuk apa?**
D	:	I want to write a letter to my grandfather.	**Saya ingin menulis surat buat datuk saya.**
R	:	What's his address?	**Di mana alamatnya?**
D	:	Kg. Gali, Raub.	**Kg. Gali, Raub.**
R	:	Oh, He lives in Raub.	**Oh, dia tinggal di Raub.**
D	:	Yes, right. Do you have relatives there?	**Ya, betul. Apakah kamu punya saudara di sana?**
R	:	No. But some of my friends come from Raub.	**Tidak. Tetapi beberapa teman saya berasal dari Raub.**
		When are you going to mail your letter?	**Bila kamu mahu mengirimkan surat itu?**
D	:	Tomorrow morning.	**Esok pagi.**

R	:	Don't you need a stamp?	**Apakah kamu tidak mahu setem?**
D	:	Of course, I need. But air-mail stamp.	**Tentu, saya mahu. Tetapi setem udara.**
R	:	I have one. Here you're.	**Saya punya satu. Ini dia.**
D	:	Thank you very much.	**Terima kasih.**
R	:	Don't mention it.	**Sama-sama.**
D	:	I would like to post a letter.	**Saya ingin mengeposkan surat.**
		I need some stamps and an envelope.	**Saya mahu beberapa setem dan sampul surat.**
		What counter can I go to buy for stamps?	**Kaunter mana penjualan setem?**
P	:	Do you want to send a registered letter?	**Apakah kamu ingin mengirim surat berdaftar?**
D	:	Yes, I do.	**Ya.**
D	:	How many stamps must I use?	**Berapa setem yang harus saya pakai?**
R	:	It depends on the distance and weight. Let me wieght it first.	**Tergantung pada jarak dan beratnya. Biar saya timbang dulu.**
D	:	Okay. Thank you.	**Baiklah. Terima kasih.**
D	:	Good morning, sir.	**Selamat pagi, encik.**
P	:	Good morning, madam. What can I do for you?	**Selamat pagi, puan. Boleh saya bantu?**

D :	What is the local postage here?	**Berapa setem bayaran pos di sini?**
P :	Oh, it's very cheap. Only three ringgit.	**Oh, sangat murah. Hanya tiga ringgit.**
D :	What is the regular postage to the USA?	**Berapa setem biasa ke Amerika Syarikat?**
P :	It's five ringgit by air mail postage.	**Lima ringgit dengan setem udara.**
	And only two thousand ringgit surface mail.	**Dan hanya dua ringgit dengan pos laut.**
D :	Please you tell me the other alternatives.	**Tolong nyatakan alternatif lainnya.**
P :	You can send your letter by registered mail and special delivery.	**Anda boleh mengirim dengan pos berdaftar dan pos cepat.**
D :	I need registered mail.	**Saya ingin pos berdaftar.**
P :	All right. Now, please fill in this form and sign it.	**Baiklah. Sekarang, silakan mengisi borang dan tandatangani ini.**

32. TRAVELLING	PERJALANAN
D : Where are you going to?	**Kamu mahu pergi ke mana?**
R : I'm going to Jakarta.	**Saya mahu pergi ke Jakarta.**
D : Are you going by plane?	**Adakah kamu pergi dengan kapal terbang?**
R : Yes, I must be there this afternoon.	**Ya, saya mesti tiba di sana petang ini.**
D : Why are you in a hurry?	**Kenapa anda tergesa-gesa?**
Is there something important?	**Ada sesuatu yang penting?**
R : Of course. And my friend will wait for me.	**Tentu. Dan kawan saya akan menunggu.**
D : Is your friend a Jakartanese?	**Adakah kawan anda orang Jakarta?**
R : Yes, he is.	**Ya.**
D : Excuse me. Can you tell me which flight is going to Singapore?	**Maafkan saya. Bolehkah anda memberi tahu kapal terbang mana yang ke Singapura?**
R : I'm sorry. I don't know.	**Maaf, saya tidak tahu.**
D : What should I do?	**Apa yang harus saya lakukan?**
R : It's better if you go to the waiting room, and listen carefuly to the announcement.	**Sebaiknya anda ke ruang tunggu, dan dengar pengumuman dengan cermat.**

D	:	Thank you.	**Terima kasih.**
R	:	Oh, not at all.	**Sama-sama.**
D	:	Ramli, this is the first time I'm travelling by plane.	**Ramli, inilah pertama kalinya saya naik kapal terbang.**
R	:	Don't worry about it. All you have to do is to listen to the announcements and follow the instructions of the announcer.	**Tak usah bimbang. Yang harus kamu lakukan mendengar pengumuman dan mematuhi arahan.**
D	:	Thanks.	**Terima kasih.**
D	:	If you're free tomorrow, will you join us to Pulau Tioman? I've made arrangement to go with our friends.	**Sekiranya anda lapang besok, mahukah anda ikut ke Pulau Tioman? Saya sudah berjanji mahu pergi dengan teman-teman.**
R	:	How are you going? Are you going by bus?	**Bagaimana anda ke sana? Adakah kamu naik bas?**
D	:	No, we are going by motorbike.	**Tidak, kami akan pergi dengan motorsikal.**
R	:	Oh, I like motorbike very much. What time shall we leave tomorrow?	**Oh, saya sangat suka naik motorsikal. Jam berapa kita akan bertolak besok?**
D	:	We'll start at 6 o'clock from my house. Don't forget to bring your own lunch.	**Kita akan berangkat pukul 6.00 pagi. Jangan lupa membawa bekal sendiri untuk makan tengah hari.**
R	:	We can have sun-bath and swimming there.	**Kita boleh mandi manda dan berenang di sana.**

D	:	Oh, no. It's very dangerous to swim in the beach. The wave's too rough.	**Oh, jangan. Mandi di pantai sangat berbahaya. Ombaknya sangat kuat.**
D	:	Have you got much work to do next Sunday?	**Adakah kamu banyak kerja Ahad depan?**
R	:	I guess not, why?	**Tidak, kenapa?**
D	:	We're making a trip to Pulau Langkawi by bus. Will you join us?	**Kami akan pergi ke Pulau Langkawi dengan bas. Mahukah anda ikut kami?**
R	:	Where's Pulau Langkawi?	**Di mana Pulau Langkawi itu?**
D	:	It's located in the nourth of our country.	**Ia terletak di utara negara kita.**
R	:	How far is it from Kuala Lumpur?	**Berapa jauhnya dari kota Kuala Lumpur.**
D	:	It's quiet far.	**Ia agak jauh juga.**
R	:	I'll be glad. I'll bring along my guitar, too.	**Saya akan suka hati. Saya juga akan membawa gitar bersama.**
D	:	That's good idea. I'll sing some songs.	**Itu ide yang bagus. Saya akan menyanyi beberapa lagu.**
R	:	Okay, we'll sing some songs together.	**Baiklah, kita akan nyanyi bersama.**
D	:	We'll be happy.	**Kita akan bergembira.**
D	:	Where will you spend your holidays?	**Di manakah anda akan bercuti?**

R	:	I think I'll go to Ujung Pandang?	**Saya fikir, saya mahu pergi ke Ujung Pandang.**
D	:	What for?	**Untuk apa?**
R	:	I'll visit my uncle.	**Saya hendak mengunjungi bapa saudara saya.**
D	:	Who's your uncle? What's his name?	**Siapa bapa saudara anda? Apa namanya?**
R	:	His name is Herman. He is my mother's younger brother.	**Namanya Herman. Dia adik lelaki ibu saya.**
D	:	Will you be going by sea or by air?	**Adakah anda pergi dengan kapal laut atau udara?**
R	:	We'll go by ship.	**Kami akan naik kapal laut.**
D	:	It will be better. It's cheaper than by plane, so you can save your money.	**Itu lebih baik kerana lebih murah daripada naik kapal terbang, jadi anda dapat menjimatkan wang.**
R	:	I don't like travelling by plane.	**Saya tidak suka pergi dengan kapal terbang.**
D	:	Why?	**Kenapa?**
R	:	We can't see anything but clouds and the sky.	**Kita tidak boleh melihat apa-apa kecuali awan dan langit.**
D	:	Have you been to Perlis by train?	**Adakah kamu pernah ke Perlis dengan kereta api?**
R	:	Yes, I have. I visited my grandmother last holiday.	**Ya, pernah waktu mengunjungi nenek saya yang lalu.**

D :	What did you see on the way?	**Apa yang anda lihat dalam perjalanan?**
R :	Oh, I saw beautiful landscape, ricefields, mountains, hills and some quiet villages.	**Oh, saya dapat melihat pemandangan yang indah, sawah, gunung, bukit-bukit, dan desa-desa yang sunyi.**
R :	Were you happy?	**Adakah kamu gembira?**
D :	Of course. I was very happy. I was satisfied to breath fresh air and to enjoy some beautiful places.	**Tentu, saya sangat gembira. Saya sangat puas menghirup udara yang segar dan menikmati tempat-tempat yang indah.**
R :	Have you ever been to Singapore?	**Pernahkah anda pergi ke Singapura?**
D :	Yes, I have but only for an hour.	**Ya, tetapi hanya satu jam.**
R :	How can it be?	**Bagaimana boleh begitu?**
D :	It was on my way to Cairo. We stopped at Singapore Airport.	**Dalam perjalanan ke Kahirah, kami singgah di lapangan terbang Singapura.**
R :	Oh, I see. How long does it take to fly to Cairo?	**Oh, begitu. Berapa lama perjalanan ke Kahirah?**
D :	Eem, it takes one day and one night.	**Eem, sehari semalam.**
R :	Only twenty-four hours?	**Hanya dua puluh empat jam?**

D	:	Yes. It flies day and night and just stop at Singapore, Bombay and Karachi for one hour respectively.	**Ya, kerana pesawat itu terbang pada siang dan malam dan hanya singgah di Singapura, Bombay dan Karachi masing-masing satu jam.**
R	:	If you want to travel would you go by plane or by car?	**Jika anda ingin ke mana-mana, adakah anda suka naik kapal terbang atau kereta?**
D	:	I think it depends on the situation. If it's urgent I'll take a plane. But if it's not so urgent I'll choose the cheaper means of transport.	**Saya rasa itu bergantung pada situasinya. Kalau penting saya akan naik kapal terbang tetapi jika tidak begitu penting saya memilih pengangkutan yang lebih murah.**
R	:	That's right.	**Itu betul.**
D	:	And you?	**Bagaimana anda?**
R	:	I like to take a train because we can take a rest along the way. Driving a car by ourselves is too tired.	**Saya suka menaiki kereta api sebab kita boleh relaks sepanjang perjalanan. Memandu kereta adalah sangat meletihkan.**
R	:	Where are you going?	**Kamu mahu ke mana?**
D	:	I am going to the airport.	**Saya mahu ke lapangan terbang.**
R	:	What for?	**Untuk apa?**

D	: I want to go to Hong Kong.	**Saya hendak ke Hong Kong.**
R	: When does the next plane leave for Hong Kong? What time does your plane take off?	**Bilakah kapal terbang berikutnya berangkat ke Hong Kong? Pukul berapa kapal terbang anda berlepas?**
D	: The plane will leave at nine o'clock.	**Kapal terbang akan berlepas pukul sembilan.**
R	: Are you liable to be air-sick?	**Adakah anda mudah mabuk udara?**
D	: No, never.	**Tidak, tidak pernah.**
R	: Will you have lunch on the plane?	**Adakah anda akan makan tengah hari dalam kapal terbang?**
D	: Of course. Because the long flight usually serve a full meal.	**Tentu. Sebab penerbangan jauh akan menghidangkan makan lengkap.**
R	: Will the plane arrive in Hong Kong in time?	**Adakah kapal terbang itu akan tiba di Hong Kong tepat pada waktunya?**
D	: Yes. I hope like that. The plane must land exactly on time.	**Ya, saya harap begitu kapal terbang itu mesti mendarat tepat pada waktunya.**
R	: Where will you spend your holidays?	**Ke manakah anda bercuti?**
D	: I'll go to Perlis.	**Saya mahu ke Perlis.**
R	: How to go there?	**Dengan apa anda ke sana?**

D	:	I shall go by train.	**Saya akan naik kereta api.**
R	:	Why?	**Kenapa?**
D	:	Going by train is much cheaper then by my own car or plane.	**Pergi naik kereta api jauh lebih murah daripada naik kereta sendiri atau kapal terbang.**
R	:	Have you got the ticket?	**Sudahkah anda mendapat tiket?**
D	:	No. I haven't reserved the seat.	**Tidak. Saya belum pesan tempat duduk.**
R	:	Is the booking office open in the evening?	**Adakah pejabat penjualan tiket buka petang hari?**
D	:	Yes, It is.	**Ya.**

33. AT THE HOTEL		DI HOTEL
T	Excuse me, sir. What can I do for you?	**Maafkan saya, encik. Boleh saya bantu?**
J	Who are you?	**Siapa kamu?**
T	I'm a taxi driver.	**Saya pemandu teksi.**
J	Can you tell me where the nearest inexpensive hotel here?	**Bolehkah anda beritahu saya di mana hotel yang terdekat dan murah?**
J	Surely, I can. Do you want in the centre of town?	**Tentu boleh. Adakah anda inginkan hotel yang di tengah bandar?**
T	No, I think. Because it's very noisy.	**Tidak. Kerana suasana bising.**
J	O.K., sir. I'll take you to a small hotel in a country-side.	**Baik, encik. Saya akan membawa anda ke sebuah hotel kecil di luar bandar.**
T	Is there a good service?	**Adakah layanannya baik?**
J	Of course. And it offers you a good facility enough.	**Tentu. Dan hotel ini menawarkan kemudahan yang cukup bagus.**
T	How far is it from here?	**Berapa jauhnya dari sini?**
J	Less than twenty kilometers, and only about thirty to forty minutes by taxi.	**Kurang daripada 20 km, dan hanya kira-kira 30-40 minit dengan teksi.**
T	How much the fare for taxi?	**Berapa tambang teksinya?**

J	:	It's only fifteen Ringgit.	**Hanya RM15.**
T	:	Oh, it's very expensive!	**Oh, mahalnya.**
J	:	No, sir. It's standard tariff.	**Tidak, encik. Ini tambang biasa.**
		Excuse me, sir. Here's no bargain.	**Maaf, encik. Tidak ada tawar-menawar di sini.**
T	:	O.K. Here's the money.	**Baiklah. Ini wangnya.**
J	:	It's the change, sir. Thank you.	**Ini bakinya, encik. Terima kasih.**
T	:	Good afternoon, sir. What can I do for you?	**Selamat tengah hari, encik. Boleh saya bantu?**
J	:	I want to book room.	**Saya ingin menempah bilik.**
T	:	Well. Which room do you want? A single bed or a double bed?	**Bilik mana yang anda mahu? Satu katil untuk satu orang atau satu katil untuk dua orang?**
J	:	I want two single beds.	**Saya ingin masing-masing satu katil.**
T	:	Not a twin bed, sir?	**Bukan yang satu bilik dua katil, encik?**
J	:	No, we want two single rooms.	**Ya, kami mahu dua bilik yang masing-masing untuk satu orang.**
T	:	How many days will you stay here?	**Berapa hari encik mahu tinggal di sini?**
J	:	Five days.	**Lima hari.**
T	:	Can you show me your identity card?	**Tolong tunjukkan kad pengenalan anda?**

J	:	Here it's.	**Ini dia.**
T	:	Thank you, sir.	**Terima kasih, encik.**
J	:	You're welcome.	**Sama-sama.**
T	:	Excuse me, madam. Which room do you want?	**Maaf, puan. Bilik mana yang puan inginkan?**
J	:	I like the room facing the garden.	**Saya suka bilik yang menghadap ke taman.**
T	:	Good, madam.	**Baik, puan.**
		You can take a bath with cold or hot water in your own room.	**Anda boleh mandi dengan air sejuk atau panas di bilik anda sendiri.**
J	:	Well. I want to stay here about three to four days.	**Baiklah. Saya mahu tinggal di sini selama tiga hingga empat hari.**
		Would you tell me how much a day?	**Boleh beritahu saya berapa sewanya sehari?**
T	:	Forty-five ringgit.	**Empat puluh lima ringgit.**
J	:	It's too expensive.	**Ini terlalu mahal.**
T	:	No, because it includes the service, meals and tax.	**Tidak, sebab sudah termasuk, servis, makanan dan cukai.**
J	:	Do you have any cheaper rooms?	**Adakah bilik yang lebih murah?**
T	:	Sorry, madam. It's the cheapest one.	**Maaf, puan. Ini adalah yang termurah.**
T	:	Good evening, sir.	**Selamat petang, encik.**
J	:	Good evening.	**Selamat petang.**

T	:	What can I do for you?	**Boleh saya bantu**
J	:	I want a single room for three nights.	**Saya mahu bili seorang bagi tiga malam.**
T	:	Fill in this form, please.	**Sila isikan borang ini.**
J	:	Do I have to sign it?	**Adakah saya perlu menandatanganinya?**
T	:	Certainly, you have to.	**Tentu sekali.**
J	:	Well, here you are.	**Baiklah, ini dia.**
T	:	This key to your room.	**Ini kunci bilik anda.**
T	:	Excuse me, madam. Can you show me where my room is?	**Maaf, puan. Tolong tunjukkan di mana bilik saya?**
T	:	Have you reserved before?	**Sudahkah anda menempahnya?**
T	;	I have reserved a room for tonight by telephone five days ago.	**Saya telah menempah sebuah bilik untuk malam ini melalui telefon lima hari yang lalu.**
J	:	Well, let me see. What's your name please?	**Baiklah, saya lihat dulu. Siapa nama anda?**
T	:	Call me Rubiah.	**Nama saya Rubiah.**
J	:	Okay, your room is over there, number 45, and facing the swimming pool.	**Baiklah, bilik anda di sebelah sana, nombor 45, dan menghadap ke kolam renang.**
T	:	Thank you, madam.	**Terima kasih, puan.**
J	:	You're welcome.	**Sama-sama.**

	:	I want a single room for two nights. May I see the room first?	**Saya ingin bilik untuk seorang bagi dua malam. Bolehkah saya lihat dulu biliknya?**
J	:	Of course, why not. Now, please register your fullname and your address at the visitor's book.	**Tentu, kenapa tidak. Sekarang sila daftarkan nama lengkap dan alamat anda dalam buku tamu.**
T	:	O.K. I want you to register it. This is my identification card. Must I pay it before hand?	**Baiklah, saya mahu anda mencatatnya. Ini kad pengenalan saya. Adakah saya harus membayar terlebih dahulu?**
J	:	Up to you, but it isn't necessary. You can pay it later.	**Terserah kepada anda. Tapi ini tidak penting. Anda boleh membayar kemudian.**
T	:	Are there two single rooms here?	**Adakah dua bilik untuk seorang di sini?**
J	:	Yes, sir. They are number forty and forty-one.	**Ada, encik. Bilik nombor 40 dan 41.**
T	:	Well, can I have the keys, please?	**Baiklah, boleh saya dapatkan kuncinya?**
J	:	Here you are, sir.	**Ini kuncinya, encik.**
T	:	Where are the rooms?	**Di mana bilik-bilik itu?**
J	:	In the third floor. These rooms are very pleasure.	**Di lantai tiga. Bilik-bilik ini sangat selesa.**
T	:	How much is the suite room a day?	**Berapa sewa bilik mewah sehari?**

J	:	One hundred ringgit, sir.	**Seratus ringgit, encik.**
T	:	Does it include breakfast?	**Adakah termasuk sarapan?**
J	:	Of course, sir.	**Tentu, encik.**
T	:	Where is the telephone?	**Di mana telefonnya?**
J	:	Look at the corner, please. The telephone is on the table.	**Lihat di sudut sana. Telefonnya di atas meja.**
T	:	Is the bathroom clean?	**Adakah bilik mandinya bersih?**
J	:	Yes, sir.	**Tentu, encik.**
		Please call the servant for whatever you want.	**Panggillah pelayan untuk apa saja yang anda ingin-kan.**
T	:	Tell me how I can call him, please.	**Bagaimana saya boleh memanggilnya.**
J	:	Please ring once for a ser-vant and twince for a chambermaid.	**Picit loceng sekali untuk pelayan dan dua kali untuk pengemas bilik.**
T	:	Would you send me the waiter.	**Tolong panggilkan pelayan.**
J	:	Of course, I will.	**Baik, encik.**

34. MEALS & RESTAURANT	MAKANAN & RESTORAN
A : I'm hungry. Let's get something to eat.	**Saya lapar. Mari kita cari sesuatu untuk dimakan.**
B : Okay. I'm not only hungry but also thirsty.	**Baiklah. Saya bukan saja lapar tetapi juga dahaga.**
A : We have to have our lunch now.	**Kita harus makan tengah hari sekarang.**
B : Where's the nearest restaurant here?	**Di mana restoran yang paling dekat sini?**
A : Over there.	**Di sebelah sana.**
B : Hurry up!	**Cepatlah!**
A : Which do you prefer Malaysian or European food?	**Mana yang kamu suka, makanan Malaysia atau Eropah?**
B : I can't tell you which one.	**Saya tidak dapat mengatakan mana yang saya suka.**
I like both equally.	**Kedua-duanya sama saya sukai.**
What about you?	**Bagaimana kamu?**
A : I prefer Malaysian food.	**Saya lebih suka makanan Malaysia.**
A : How many times do you take rice a day?	**Berapa kali kamu makan nasi sehari?**
B : I eat only once a day and sometimes I don't eat rice at all.	**Saya hanya makan nasi sekali sehari dan kadang-kadang sekali pun tidak makan nasi.**

A :	How can it be? Won't you be hungry?	**Bagaimana boleh begitu? Tidakkah kamu lapar?**
B :	Of course not. I eat bread and potatoes instead of rice.	**Tentu tidak. Saya makan roti dan kentang sebagai pengganti nasi.**
A :	What do you have for breakfast?	**Kamu makan apa untuk sarapan pagi?**
B :	I have two slices of toast, two harfboiled eggs and a cup of coffee-white.	**Saya makan dua potong roti bakar, dua biji telur setengah masak dan secawan kopi susu.**
A :	And for lunch?	**Dan untuk makan tengah hari?**
B :	I have four slices of bread, roast chicken, steak, salad and french fries.	**Saya makan empat potong roti, ayam panggang, stik, salad dan kentang jejari.**
A :	Have you had your dinner already?	**Sudahkah makan malam?**
B :	No, I haven't. I'm waiting for daddy.	**Belum. Saya tunggu ayah.**
A :	Where's your daddy now?	**Di mana ayah kamu sekarang?**
B :	He has taken mummy to the hospital.	**Dia menghantar ibu ke hospital.**
A :	It's unbrearable hot today. I'm terribly thirsty.	**Sungguh panas hari ini. Saya merasa dahaga.**
B :	So am I. Let's go and get some soft drinks.	**Saya juga. Marilah kita pergi dan minum minuman ringan.**

A	: What do you want to drink?	**Kamu mahu minum apa?**
B	: I want iced-coke, and you?	**Saya ingin coca-cola ais, kamu bagaimana?**
A	: So do I.	**Saya juga sama.**
A	: What time do you go to office everyday?	**Pukul berapa kamu pergi ke pejabat setiap hari?**
B	: I leave the house at about 6.30.	**Saya bertolak dari rumah kira-kira pukul 6.30.**
A	: Do you always have your breakfast at home?	**Adakah kamu selalu bersarapan pagi di rumah?**
B	: No, I don't. I just drink a cup of coffee-white before leaving. I have breakfast in my office.	**Tidak. Saya hanya minum secawan kopi susu sebelum bertolak. Saya sarapan pagi di pejabat.**
A	: Do you like, Malaysian rojak?	**Adakah kamu suka rojak Malaysia?**
B	: Sure. I like it very much.	**Tentu. Saya sangat suka.**
A	: Where do you usually eat rojak?	**Di manakah kamu biasanya makan rojak?**
B	: I usually eat in Melati Restaurant.	**Saya biasanya makan di Restoran Melati.**
A	: Do you want orange juice or coke?	**Kamu mahu air oren atau coca-cola?**
B	: I want orange juice, please.	**Saya mahu air oren.**
A	: And what will you have for dessert?	**Dan kamu mahu apa sebagai pencuci mulut?**

B	:	What do you have?	**Apa yang kamu ada?**
A	:	We have bananas, mangoes and pineapples.	**Kami menyediakan pisang, mangga dan nanas.**
B	:	Bring us mangoes and pineapples, please.	**Bawakan kami mangga dan nanas.**
A	:	Do you like the chocolate cake? It's very delicious.	**Adakah kamu suka kek coklat? Ia enak sekali.**
B	:	No, thanks. I don't like chocolate. I'd rather have the strawberry pie.	**Tidak, terima kasih.** **Saya tidak suka coklat.** **Saya lebih suka pai strawberi.**
A	:	I'm afraid there isn't any more.	**Saya rasa ia sudah habis.**
B	:	Then I'll have vanilla ice cream.	**Kalau begitu saya mahu ais krim vanilla saja.**
A	:	What will you have?	**Kamu mahu makan apa?**
B	:	Let me see the menu.	**Beri saya lihat menunya.**
A	:	Here you are.	**Ini menunya.**
B	:	I'll begin with sate. What about you?	**Saya akan mulai dengan sate. Bagaimana kamu?**
A	:	I'll have fried mee.	**Saya mahu makan mi goreng.**
B	:	You know that sate is the most favourite dish of mine.	**Anda tahu bahawa sate adalah makanan yang paling saya gemari.**
A	:	I prefer fried mee than sate.	**Saya lebih suka mi daripada sate.**
B	:	Is that so?	**Betulkah itu?**

A :	Of course. So, I'l have fried mee.	**Tentu. Jadi saya mahu makan mi goreng dahulu.**
A :	Is the sate good?	**Enakkah satenya?**
B :	Yes, as good as ever. This place is famous for its sate. How about your fried mee?	**Ya, sentiasa enak. Tempat ini memang terkenal dengan satenya. Bagaimana dengan mi goreng kamu?**
A :	I'm disappointed, it is not delicious enough.	**Saya hampa. Mi gorengnya tidak enak.**
B :	It's felt rather pungent isn't it?	**Rasanya agak pedas, bukan?**
A :	That's not pungent but too much salt.	**Tidak pedas tetapi terlalu banyak garam.**
B :	People here like things salted and not too pungent.	**Orang-orang di sini suka makanan yang agak masin dan tidak terlalu pedas.**
A :	That's why this restaurant is famous.	**Itulah sebabnya restoran ini terkenal.**
B :	How do you find the coffee?	**Bagaimana dengan kopinya?**
A :	The coffee is excellent but I'm not satisfied with the service.	**Kopinya enak sekali tetapi saya tidak puas dengan layanannya.**
A :	It's rainy season.	**Ini musim hujan.**
B :	It's very cold outside.	**Udara sangat dingin di luar.**
A :	Let me lend my jacket.	**Biar saya pinjamkan jaket saya.**

B	:	Thank you, friend.	**Terima kasih, kawan**
A	:	Let's have some coffee.	**Mari kita cari kopi.**
B	:	That's a good idea.	**Itu ide yang bagus.**
A	:	You can sit down there and I'll order two cups of coffee for us.	**Anda boleh duduk di sana dan saya akan memesan dua cawan kopi.**
B	:	Can you buy me some cakes too?	**Boleh belikan kuehnya sekali?**
A	:	Certainly, I can. What kind of cake do you like?	**Tentu boleh. Kueh apa yang anda suka?**
B	:	I like a cake with apple flavour.	**Saya suka kueh rasa epal.**
A	:	That's fine. I'll get it for you.	**Baiklah. Saya akan dapatkan untuk kamu.**
B	:	Oh, what delicious smell of coffee!	**Oh, betapa enaknya kopi ini!**
A	:	It's a cup of local coffee that I always like.	**Ini kopi tempatan yang selalu saya suka.**
B	:	I like local coffee, too.	**Saya juga suka kopi tempatan.**
A	:	It seems we've something in common.	**Nampaknya kita mempunyai selera yang sama.**
B	:	What do you mean?	**Maksudmu?**
A	:	We both like local coffee.	**Kita sama-sama suka kopi tempatan.**
A	:	Good evening!	**Selamat petang!**
B	:	Good evening. What can I do for you, sir?	**Selamat petang. Boleh saya bantu, encik?**

		What will you have for your dinner?	**Anda mahu apa untuk makan malam?**
A	:	A cup of tea and a plate of fried-rice.	**Saya mahu secawan kopi dan sepinggan nasi goreng.**
B	:	All right, sir.	**Baik, encik.**
A	:	What will you have for dessert?	**Anda mahu apa untuk cuci mulut?**
B	:	Give me some bananas and some snacks.	**Beri saya sedikit pisang dan makanan ringan.**
A	:	What would you like to eat, sir?	**Encik mahu makan apa?**
B	:	Bring us two soups and rices, please. And also two half boiled eggs for each.	**Bawakan kami dua sup dan nasi. Dan juga telur setengah masak.**
A	:	All right, sir. Anything to drink, sir?	**Baik, encik. Minumannya?**
B	:	Two glasses of iced-tea, please.	**Dua gelas teh ais saja.**
A	:	Here you are, sir.	**Ini dia, encik.**
B	:	Thank you.	**Terima kasih.**
A	:	You're welcome.	**Sama-sama.**

35. GUIDE AND INTERPRETER

PEMANDU DAN JURUBAHASA

J	: Good evening, sir.	**Selamat petang, encik.**
T	: Good evening.	**Selamat petang.**
J	: What can I do for you?	**Boleh saya bantu?**
T	: Right, I need your help.	**Bagus, saya perlu bantuan anda.**
J	: How can I help you?	**Apa yang boleh saya bantu?**
T	: I'm leaving for Pulau Langkawi tomorrow morning. I need a guide for that purpose.	**Saya mahu ke Pulau Langkawi esok pagi. Saya perlu seorang pemandu untuk tujuan itu.**
J	: I'll be glad to help you. Please don't worry. Is everything new for you?	**Saya sedia menolong anda. Jangan risau. Adakah segalanya baru bagi anda?**
T	: Yes. It's the first time to visit Pulau Langkawi.	**Ya. Ini adalah kunjungan pertama saya ke Pulau Langkawi.**
T	: How much will you charge me for your guides service?	**Berapa bayaran anda untuk perkhidmatan ini?**
J	: You've to pay US $25.00 perday.	**Anda harus membayar 25 dolar AS sehari.**
T	: Does include meals?	**Adakah ini termasuk makan?**
J	: No. You have to pay for the meals and the lodging as well.	**Tidak. Anda harus membayar makan dan penginapan sendiri.**

T	:	All right. But I'll be back to Penang tomorrow afternoon.	**Baiklah. Tetapi saya ingin kembali ke Pulau Pinang tengah hari esok.**
J	:	Do you have an appointment?	**Adakah anda mempunyai temujanji dengan seseorang?**
T	:	Yes, I'll have a dinner at Selera Kampung Restaurant with my new friend tomorrow evening.	**Ya. Saya akan makan malam di Restoran Selera Kampung dengan kawan baru saya malam besok.**
J	:	Okay, I'll wait for you tomorrow morning.	**Baiklah. Saya akan menanti anda esok pagi.**
T	:	See you next.	**Sampai berjumpa lagi.**
T	:	Excuse me, madam. Do you have a French translator?	**Maaf, puan. Bolehkah saya mendapatkan seorang jurubahasa berbahasa Perancis?**
J	:	Yes, we have. What can we do for you?	**Ya, ada. Boleh kami bantu?**
T	:	I want this letter to be translated into French.	**Saya mahu surat ini diterjemahkan ke dalam bahasa Perancis.**
J	:	Well, we certainly can help you to translate it. Give me the draft.	**Baiklah, kami tentu boleh membantu anda menterjemahkannya. Berikan saya naskah asalnya.**
T	:	All right. Here you are and thank you very much.	**Baiklah. Ini dia dan terima kasih banyak.**

T	:	Excuse me, sir. Is there anybody who can interpret German into Malaysian?	**Maaf, encik. Ada sesiapa yang boleh menterjemahkan bahasa Jerman ke dalam bahasa Malaysia?**
J	:	Of course. I can! What kind of translation is it?	**Tentu sekali. Saya boleh! Terjemahan apakah itu?**
T	:	I got a letter from my new friend in Berlin, Germany but I don't understand it.	**Saya menerima surat dari kawan baru saya di Berlin, Jerman tetapi saya tidak boleh memahaminya.**
J	:	Please hand me the letter. I'll help you to interpret it.	**Berikan surat itu kepada saya. Saya akan tolong terjemahkannya.**
T	:	Here you are. You're very helpful.	**Ini suratnya. Anda memang suka menolong.**
J	:	Now, please listen carefully.	**Sekarang, dengar baik-baik.**
T	:	Thank you.	**Terima kasih.**
J	:	You're welcome.	**Sama-sama.**
T	:	How many interpreters do you employ here?	**Berapa jurubahasa yang anda ambil bekerja di sini?**
J	:	We've got six interpreters.	**Kami mempunyai enam jurubahasa.**
T	:	What are the languages?	**Dalam bahasa apa?**
J	:	They are expert in German, English, French, Arabic, Chinese and Japanese.	**Mereka pakar dalam bahasa Jerman, Inggeris, Perancis, Arab, Cina dan Jepun.**

T	:	Good morning, sir.	**Selamat pagi, encik.**
J	:	Good morning.	**Selamat pagi.**
T	:	Excuse me, sir. Are you a translator in this office?	**Maafkan saya, encik. Adakah anda seorang penterjemah di pejabat ini?**
J	:	Yes, I'm. What can I do for you?	**Ya. Ada yang boleh saya bantu?**
T	:	Would you please translate this speech into English?	**Bolehkah, terjemahkan ucapan ini ke dalam Bahasa Inggeris?**
J	:	Certainly. I'd be glad to.	**Tentu boleh, dengan suka hati.**
T	:	How much do you charge for it?	**Berapa bayarannya?**
J	:	We usually charge three hundred ringgit for each.	**Kami biasa dibayar tiga ratus ringgit setiap satu.**
T	:	Okay. Can I get it this afternoon?	**Baiklah. Bolehkah saya mengambilnya petang ini?**
J	:	Sure you can. I'll do it right away.	**Tentu, boleh. Saya akan buatkannya segera.**
T	:	Here's five hundred.	**Ini lima ratus ringgit.**
J	:	Here's the change.	**Ini bakinya.**
T	:	Thanks a lot.	**Terima kasih banyak.**
J	:	You're welcome.	**Sama-sama.**

36. GOING TO PARK and THE BEACH

PERGI KE TAMAN dan KE PANTAI

D :	Where are you going, Ron?	**Kamu mahu pergi ke mana, Ron?**
R :	I want to go to Taman Mini Pandan Indah.	**Saya mahu ke Taman Mini Pandan Indah.**
D :	It's really interesting.	**Ia sungguh menarik.**
R :	Would you like to join me?	**Mahukah anda ikut saya?**
D :	Oh, of course. I like to sit down by the lake to watch some kinds of fish and flowers around it.	**Oh, tentu. Saya suka duduk di tepi tasik sambil menikmati berbagai jenis ikan dan bunga di sekitarnya.**
R :	Do you like to see the traditional performances?	**Adakah anda suka menyaksikan pertunjukan-pertunjukan tradisional?**
D :	Yes, I sometimes find them on Sunday.	**Ya, kadang-kadang saya menyaksikannya pada hari minggu.**
R :	Good morning, Dewi.	**Selamat pagi, Dewi.**
D :	Good morning.	**Selamat pagi.**
R :	Do you have a program this morning?	**Anda ada rancangan apa-apa pagi ini?**
D :	No, I don't.	**Tidak.**
R :	It's a Sunday, isn't it?	**Hari ini hari Minggu, bukan?**
D :	Yes, I see.	**Ya. Saya tahu.**

R :	Is there a special plan?	**Ada rancangan khusus?**
D :	No, not at all. And you?	**Tidak. Sama sekali tidak. Dan anda?**
R :	I want to go to Tuanku Abd. Rahman Park.	**Saya ingin pergi ke Taman Tuanku Abd. Rahman.**
D :	Is there a swimming pool?	**Ada kolam renangkah?**
R :	Of course. You can swim there and take a walk to get fresh-air over there.	**Tentu sekali. Anda boleh berenang dan berjalan-jalan menikmati udara segar di sana.**
D :	That's really a good idea.	**Itu benar-benar ide yang bagus.**
R :	Do you like rowing? It's for two persons.	**Adakah anda suka berdayung sampan untuk dua orang?**
D :	We can try get on it together.	**Kita boleh mencuba naik berdua.**
R :	Okay, dear!	**Baiklah, sayang!**
D :	Let's buy the tickets!	**Mari kita beli tiketnya!**
R :	You know it's a good sport. It exercise the muscles. So our body felt fresh and strong. Our life will be health.	**Kamu tahu, ini adalah sukan yang baik. Jadi, tubuh berasa segar dan kuat. Hidup kita akan sihat.**
D :	Here are the tickets. Come on!	**Ini tiketnya. Mari!**
R :	Tomorrow is a Sunday.	**Besok adalah hari Minggu.**
D :	We have a holiday.	**Kita cuti.**

R	:	Yes, we have to enjoy our spare time together.	**Ya, kita harus menikmati waktu luang kita bersama.**
D	:	What will you do tomorrow?	**Apa anda buat esok?**
R	:	Oh, I have no program at all.	**Oh, saya sama sekali tidak mempunyai rancangan.**
		Where do you plan to go tomorrow?	**Ke mana anda ingin pergi esok?**
D	:	What about going to Port Dickson?	**Bagaimana kalau kita pergi ke Port Dickson?**
R	:	I think, It's a good idea.	**Saya fikir itu ide yang bagus.**
D	:	It's the best plan of the others, isn't it?	**Ia rancangan terbaik antara yang lain, bukan?**
D	:	Well, we can swim in the sea.	**Baiklah, kita boleh mandi di laut.**
R	:	I like swimming very much.	**Saya sangat suka berenang.**
D	:	So do I.	**Begitu juga saya.**
R	:	Okay, I agree to your plan. See you tomorrow.	**Ok, saya setuju dengan rancangan anda itu. Jumpa anda besok.**
R	:	Will you be free tomorrow?	**Adakah anda lapang esok?**
D	:	I think so. Why?	**Saya rasa. Kenapa?**
R	:	I plan to go on a picnic.	**Saya merancang untuk pergi berkelah.**

D	:	That's a good plan. Where will you go on a picnic?	**Ia rancangan yang bagus. Ke mana anda mahu berkelah?**
R	:	I'll go to Morib Beach.	**Saya mahu ke Pantai Morib.**
D	:	Will you go with your girlfriend?	**Adakah kamu mahu pergi dengan teman wanita anda?**
R	:	Of course. But, I hope you can join us tomorrow.	**Tentu sekali. Tapi saya berharap esok kamu ikut kami.**
D	:	How we get there?	**Naik apa kita ke sana?**
R	:	By my own car.	**Dengan kereta saya sendiri.**
D	:	Why don't we take a bus?	**Kenapa kita tidak naik bas saja?**
R	:	It's too long to wait a bus.	**Terlalu lama menunggu bas.**
D	:	All right.	**Baiklah.**
R	:	Is everyone ready? Don't forget to bring a sunshade and some folding chairs.	**Sudah siapkah semuanya? Jangan lupa membawa payung besar dan beberapa kerusi lipat.**
D	:	Where're we going to, Rony?	**Kita mahu pergi ke mana, Rony?**
R	:	We're going on picnic to Pangkor Island.	**Kita akan berkelah ke Pulau Pangkor.**
D	:	Hurrrah! Can I swim there?	**Hore! Bolehkah saya mandi di sana?**
R	:	Sure, you can.	**Tentu boleh.**

37. AT THE TRAVEL AGENCY	DI AGENSI PELANCONGAN
D : Where can I ask information, sir?	**Di manakah saya boleh memperoleh penerangan, encik?**
T : Over there, at the information desk.	**Di sana, di bahagian penerangan**
D : Excuse me, sir. Could you give me the flight schedules to Tokyo?	**Maaf, encik. Bolehkah encik memberi saya jadual penerbangan ke Tokyo?**
T : Certainly. Here you are.	**Tentu boleh. Ini dia.**
D : Is there a flight to Tokyo on Saturday?	**Adakah penerbangan ke Tokyo pada hari Sabtu?**
T : Sure. Everything is written in the folder.	**Tentu. Semuanya tertulis dalam folder itu.**
D : What should you do if you want to go abroad?	**Apakah yang harus anda lakukan jika anda mahu pergi ke luar negeri?**
T : I must have a passport, a visa and a health certificate.	**Saya harus mempunyai pasport, visa dan sijil kesihatan.**
D : Do you need inoculation and vaccination, too?	**Adakah anda juga perlu mendapatkan inokulasi dan suntikan cacar?**
T : Certainly.	**Tentu.**
D : Where can I apply for an entry visa to Singapore?	**Di manakah saya boleh memohon visa untuk ke Singapura?**

T	:	You can apply for it at the Singapore Embassy.	**Anda boleh memohonnya di Kedutaan Singapura.**
D	:	Do I have to pay for it?	**Adakah saya harus membayarnya?**
T	:	I think so, but not much.	**Saya fikir, ya. Tetapi tidak banyak.**
D	:	I'd like to apply for a passport, please.	**Saya ingin mendapatkan pasport.**
T	:	Well, what's your destination?	**Baiklah. Ke mana destinasi anda?**
D	:	New Zealand.	**New Zealand.**
T	:	I see. What's your purpose of visit to New Zealand?	**Oh begitu. Apa tujuan anda mengunjungi New Zealand?**
D	:	I'd like to continue my study at the Canberra State University.	**Saya mahu melanjutkan pelajaran di Universiti Canberra, State.**
T	:	Good. Now please fill in this form and sign it, after that.	**Bagus. Sekarang isilah borang ini dan kemudian sila tandatangani.**
D	:	Yes, sir.	**Ya, encik.**
T	:	Good morning, sir.	**Selamat pagi, encik.**
J	:	Good morning. What can I do for you?	**Selamat pagi.** **Boleh saya bantu?**
T	:	I'd like to rent a car, please.	**Saya mahu menyewa sebuah kereta.**
J	:	Certainly, sir. How long would you like to hire it for?	**Baiklah, encik. Berapa lama anda mahu menyewanya?**

T	:	Just two days.	**Hanya dua hari.**
J	:	Could I have your name and address please, sir?	**Boleh saya tahu nama dan alamat anda?**
T	:	Please write down my identity card.	**Sila tulis kad pengenalan saya.**
J	:	Well. Could I see your driving licence, please?	**Baiklah. Bolehkah saya melihat lesen memandu anda?**
T	:	Of course. Here it is.	**Tentu boleh. Ini dia.**
T	:	Good afternoon, sir. Would you like to tell me which way to the quay?	**Selamat tengah hari, encik Bolehkah anda memberi tahu mana jalan menuju ke pangkalan?**
J	:	Please you walk on the straight ahead.	**Sila jalan lurus terus.**
T	:	Is it far?	**Jauhkah?**
J	:	Oh, no, madam. It is only less than four hundred meters from here.	**Oh, tidak, puan. Hanya kurang daripada 400 meter dari sini.**
T	:	Are there some travel agents?	**Adakah ejen pelancongan di sana?**
J	:	Yes. You can get a ticket to get in there.	**Ya. Anda boleh mendapatkan tiket untuk naik di sana.**
T	:	Thank you very much, sir.	**Terima kasih banyak, encik.**
T	:	Excuse me, sir. When will your ship depart?	**Maaf, encik. Pukul berapa kapal anda bertolak?**

J	:	At four thirty p.m.	**Pukul 4.30 petang.**
T	:	When shall the ship arrive?	**Bilakah kapal ini sampai di sana?**
J	:	We shall disembark at Tanjung Perak on time.	**Kita akan turun di Tanjung Perak tepat pada waktunya.**
T	:	What time will be there?	**Jam berapa akan di sana?**
J	:	At five in the morning.	**Pukul lima pagi.**
T	:	Is there a doctor on board?	**Adakah doktor di atas kapal?**
J	:	Of course. We have three doctors.	**Tentu ada. Kami menyediakan tiga doktor.**
D	:	Excuse me, sir. Can I delay my departure?	**Maaf, encik. Bolehkah saya tunda keberangkatan saya?**
T	:	Certainly, you can. How long do you want it be delayed? Show me your ticket, please.	**Boleh. Berapa lama anda mahu menunda? Tolong tunjukkan tiket anda kepada saya.**
D	:	I want to delay it until tomorrow.	**Saya ingin menunda sampai besok.**
T	:	That's okay. Here's your ticket.	**Baiklah. Ini tiket anda tadi.**
D	:	Thank you, sir.	**Terima kasih, encik.**

38. AT THE AIRPORT		DI LAPANGAN TERBANG
T	: Excuse me, sir. What's your name, please?	**Maaf, encik. Siapa nama encik?**
J	: My name is John Kent.	**Nama saya John Kent.**
T	: May I see you passport, please?	**Bolehkah saya melihat pasport anda?**
J	: Certainly, here you are.	**Tentu, ini dia.**
T	: Would you come with me, please.	**Boleh ikut saya?**
J	: All right, sir.	**Baik, encik.**
T	: Have you got a health certificate?	**Adakah anda mempunyai surat keterangan kesihatan?**
J	: Yes, I have. Here you are.	**Ya. Ini suratnya.**
T	: Have you brought money with you?	**Adakah anda membawa wang?**
J	: Yes, I have, but not in cash. I have traveller's cheques with me.	**Ya, tapi bukan wang tunai. Saya membawa cek kembara.**
T	: Thank you, sir.	**Terima kasih, encik.**
T	: How many bags do you have, sir?	**Berapa beg yang anda bawa?**
J	: I've three bags.	**Saya membawa tiga beg.**
T	: What about your cabin?	**Bagaimana dengan kabin anda?**

J :	Well, I've two handbags, two rackets and small case.	**Ya, saya punya dua beg, dua raket dan satu beg kecil.**
T :	Is that's all?	**Itu saja?**
J :	Yes, that's all.	**Ya.**
D :	Good morning, sir!	**Selamat pagi, encik.**
J :	Good morning.May I help you? Have a seat, please.	**Selamat pagi. Boleh saya bantu?** **Silakan duduk.**
D :	I intend to inquire about how much a ticket to Hong Kong.	**Saya ingin tahu, berapa harga tiket ke Hong Kong.**
J :	Would you give me information?	**Bolehkah anda memberi penerangan?**
D :	Yes, sir. Why not.	**Ya, encik. Kenapa tidak.**
J :	I want to be back to Hong Kong.	**Saya ingin kembali ke Hong Kong.**
D :	I want to go home and I want to book a seat.	**Saya ingin pulang dan saya mahu menempah sebuah tempat duduk.**
T :	Which airlines will you fly with?	**Dengan pesawat apa?**
D :	Any flight which I can get cheaper one.	**Mana-mana pesawat, tiketnya yang murah.**
T :	It's only one hundred and fifty ringgit for the cheapest one.	**Yang termurah adalah RM150.**

D	:	Will there be a flight leaving for Hong Kong on saturday afternoon?	**Adakah penerbangan ke Hong Kong pada sabtu petang?**
T	:	Let me look at the time schedule. There will be two planes leaving for Hong Kong. Which one do you want to fly with?	**Biar saya lihat jadualnya dulu. Terdapat dua penerbangan ke Hong Kong. Anda ingin terbang dengan pesawat yang mana?**
D	:	I want the first one.	**Saya ingin pesawat yang pertama.**
T	:	How many ticket do you need?	**Anda perlu berapa tiket?**
D	:	I'll have a one way ticket.	**Saya mahu satu tiket untuk sehala.**
T	:	When did you leave USA?	**Bilakah anda meninggalkan Amerika Syarikat?**
J	:	I departed three days ago from States. I spent one night in Hawaii, one night in Tokyo and then straight to Malaysia.	**Saya bertolak dari Amerika Syarikat tiga hari yang lalu. Saya menginap semalaman di Hawaii, semalaman di Tokyo dan kemudian langsung ke Malaysia.**
T	:	What a nice trip!	**Sungguh menyeronokkan perjalanan itu!**
J	:	Oh yes, It's really nice.	**Ya, sungguh menyeronokkan.**
T	:	How long will you stay in Bali?	**Berapa lama anda akan tinggal di Bali?**

D	:	I plan to stay there for two or three months.	**Saya bercadang tinggal di sana selama dua atau tiga bulan.**
T	:	Are you going to visit any other countries before going back?	**Adakah anda akan mengunjungi negara-negara lain sebelum pulang?**
D	:	Of course. I want to visit Australia and New Zealand.	**Tentu. Saya ingin mengunjungi Australia dan New Zealand.**
T	:	That's a good idea. But it's a long trip.	**Itu idea yang bagus. Tapi ia merupakan perjalanan yang lama.**
T	:	Do you have entry visas from both the countries?	**Adakah anda sudah mendapatkan visa masuk daripada dua negara itu?**
D	:	No, I haven't. I'll get it from the Australian and New Zealand High Commission here.	**Belum. Saya akan mendapatkannya dari Pesuruhjaya Tinggi Australia dan New Zealand di sini.**
T	:	I'll accompany you for this purpose.	**Saya akan menemani anda untuk urusan ini.**
D	:	Thanks for your kindness.	**Terima kasih atas kebaikan anda.**
T	:	Not at all.	**Sama-sama**
D	:	Excuse me, sir. You've to pay fifteen ringgit for the airport duty.	**Maaf, encik. Anda terpaksa membayar lima belas ringgit untuk cukai lapangan terbang.**

T	:	I'm sorry. I don't have enough money. I've to change my money.	**Maaf, saya tidak ada cukup wang. Saya terpaksa menukarkan wang dulu.**
D	:	Do you know where the nearest bank or money changer here?	**Adakah anda tahu di mana bank atau tempat penukaran wang yang terdekat di sini?**
T	:	Yes, I do. Go straight on and trun left. It's the second room on your right.	**Ya. Sila jalan terus ke sana dan belok kiri, bilik nombor dua di sebelah kanan anda.**
D	:	Thank you.	**Terima kasih.**
T	:	You're welcome.	**Sama-sama.**
T	:	Could you reserve a seat for me on that plane?	**Bolehkah anda tempahkan satu tempat duduk untuk saya?**
J	:	Here's your ticket. Show these to our traffic officer at the airport.	**Ini tiket anda. Tunjukkan tiket anda pada petugas kami di lapangan terbang.**
		Your tickets will be exchanged for a board pass. And your seat numbers will also be given at our traffic.	**Tiket anda akan ditukar kepada pas penumpang. Dan nombor tempat duduk juga akan diberikan di pejabat kami.**
T	:	Thank you, sir.	**Terima kasih, encik.**
J	:	You're welcome.	**Sama-sama.**
T	;	Excuse me, sir. Can you tell me when the next plane leaves for Kuala Lumpur?	**Maaf, encik. Bolekah anda memberitahu saya bila pesawat berikutnya bertolak ke Kuala Lumpur?**

J	:	Let me see the time table. Please have a seat in the waiting room. Timetable has been computerised.	**Biar saya lihat jadualnya. Sila duduk di ruang tunggu. Jadual disusun dengan komputer.**
T	:	What time does your plane take off?	**Pukul berapa pesawat anda berlepas?**
J	:	The plane takes off at ten to eleven.	**Pesawat berlepas pada pukul 10.50.**
T	:	What time will your plane land?	**Pukul berapa pesawat anda mendarat?**
J	:	It will land at Subang at 12.45 p.m.	**Pesawat akan mendarat di Subang, jam 12.45 tengah hari.**

	39. AT THE RAILWAY STATION	**DI STESEN KERETA API**
D :	Excuse me, sir. Could you tell me which train to Butterworth?	**Maaf, encik. Bolekah beritahu saya yang mana kereta api ke Butterworth?**
T :	Oh, you're late. The train left just five minutes ago.	**Oh, anda terlambat. Kereta api itu baru saja bertolak lima minit yang lalu.**
D :	What a shame! What should I do?	**Sayang sekali! Apa yang harus saya lakukan?**
T :	You'd better ask about it in the station, office, over there.	**Sebaiknya anda bertanya di pejabat stesen, di sebelah sana.**
D :	Thanks for your advice.	**Terima kasih atas nasihat anda.**
D :	Have you ever gone by train?	**Pernahkah kamu naik kereta api?**
T :	Yes. It's the second time.	**Ya. Ini adalah yang kedua kalinya.**
D :	Why do you like to go by train?	**Kenapa anda suka menaiki kereta api?**
T :	Going by train is much cheaper than by bus.	**Naik kereta api lebih murah berbanding dengan naik bas.**
D :	Have you got the ticket?	**Sudah mendapat tiket?**
T :	No, I haven't reserved the seat. Is the booking-office open?	**Belum. Saya belum menempah tempat duduk. Adakah pejabat jualan tiket buka?**

D :	Yes, I think.	**Ya, saya fikir.**
T :	Thank you, sir.	**Terima kasih, encik.**
D :	Good morning, sir. What can I do for you?	**Selamat pagi, tuan. Boleh saya bantu?**
T :	Good morning. I want to buy a ticket for Johor Bahru.	**Selamat pagi. Saya ingin membeli satu tiket untuk ke Johor Bahru.**
D :	What class seats do you prefer, sir?	**Anda ingin naik kelas berapa, tuan?**
T :	First class, please. I like executive class. What's the fare a ticket?	**Kelas satu. Saya ingin kelas eksekutif. Berapa tambang-nya?**
D :	The fare for each ticket is twenty five ringgit.	**Tambangnya adalah RM25.**
T :	Here's the money.	**Ini wangnya.**
D :	Here's your change, sir.	**Ini bakinya, tuan.**
T :	When does the train leave? What time does the train leave?	**Bilakah kereta api ber-tolak? Pukul berapa kereta api bertolak?**
D :	At five o'clock.	**Pukul lima.**
T :	Is there a dinning car?	**Adakah kereta buffenya?**
D :	Of course. This train would offer you some cui-sines.	**Tentu. Kereta ini mena-warkan beberapa masakan.**
T :	There comes the train.	**Itu dia kereta api datang.**
D :	Hurry up! Take your seats, please.	**Cepat!** **Ambil tempat duduk!**

T :	Can I help you, sir.	**Boleh saya bantu,**
D :	Two tickets to Singapore, please. Here's RM100.	**Dua tiket ke Singap ... ni wangnya RM100.**
T :	Here are the tickets and this is the change.	**Ini tiketnya dan ini wang bakinya.**
D :	What time does the train leave for Singapore?	**Pukul berapa kereta api bertolak ke Singapura?**
T :	At six o'clock sharp.	**Pada pukul enam tepat.**
D :	Thank you, sir.	**Terima kasih, encik.**
T :	You're welcome.	**Sama-sama.**
T :	Where are you going to?	**Anda mahu ke mana?**
D :	I'm going to Bangkok.	**Saya mahu ke Bangkok.**
T :	It's a long journey, isn't it?	**Itu perjalanan yang jauh, bukan?**
D :	Yes. It's not only long but also interesting.	**Ya. Ini bukan saja jauh tetapi juga menarik.**
T :	Have you ever been to Bangkok before?	**Adakah anda pernah ke Bangkok dahulu?**
D :	Of course. I have been to Bangkok for tens time.	**Tentu. Saya pernah ke Bangkok puluhan kali.**
D :	Do you know how much is the train fare to Ipoh?	**Adakah anda tahu tambang kereta api ke Ipoh?**
T :	Only seventeen ringgit.	**Hanya tujuh belas ringgit.**
D :	Can I get a reduction?	**Bolehkah saya mendapat potongan harga?**
T :	Who are you?	**Siapa anda?**

D	:	I'm a university student. Now, I'm on holiday.	**Saya seorang mahasiswa. Sekarang saya sedang bercuti.**
T	:	Have you got your student card with you?	**Adakah anda membawa kad pelajar?**
D	:	Sure. Here you are.	**Ya, ini dia kadnya.**
T	:	You may get a reduction 50 percent.	**Anda boleh mendapat potongan 50 peratus.**
D	:	Thank you, sir.	**Terima kasih, encik.**
T	:	Don't mention it.	**Sama-sama.**
D	:	Excuse me, sir. Has the train from Butterworth arrived already?	**Maaf, encik. Adakah kereta api dari Butterworth sudah tiba?**
T	:	I'm afraid it hasn't. There must be something wrong on the way.	**Saya rasa belum. Mungkin ada masalah di jalan.**
D	:	Are you waiting for someone?	**Adakah anda menunggu seseorang?**
T	:	Yes, I'm waiting for my grandmother.	**Ya. Saya sedang menunggu nenek saya.**
D	:	Oh, I see.	**Oh, ya.**

40. AT THE BUS STATION	DI TERMINAL BAS
D : Excuse me. Which is the bus to Kajang?	**Maafkan saya. Bas yang manakah pergi ke Kajang?**
T : Oh! It's that one, over there.	**Oh, itu yang di sebelah sana.**
D : Can I catch it?	**Bolehkah saya mengejarnya?**
T : Surely. But I think you'd better wait for a moment. There're losts of buses to Kajang.	**Tentu. Tetapi sebaiknya anda menunggu sebentar. Terdapat banyak bas yang menuju ke Kajang.**
D : Is this bus going to Cheras?	**Apakah bas ini menuju ke Cheras?**
T : I'm afraid you've got the wrong one. This one is going to Selayang.	**Saya rasa anda salah naik. Bas ini akan ke Selayang.**
D : Could you tell me which is the bus to Cheras?	**Bolehkah anda memberitahu bas manakah yang ke Cheras?**
T : I'd be glad to. You see the blue bus over there. That's yours.	**Boleh. Lihatlah bas yang berwarna biru di sebelah sana. Itulah bas anda.**
D : Thank you very much, sir.	**Terima kasih banyak, encik.**
D : Excuse me, sir. Can I take any bus that comes along?	**Maaf, encik. Apakah saya boleh naik bas apa saja yang lalu di sini?**

T :	Where will you go?	**Anda mahu ke mana?**
D :	I want to go to the centre of city.	**Saya ingin pergi ke pusat kota.**
T :	No, sir.	**Tidak boleh encik.**
D :	Which bus shall I take?	**Bas yang mana harus saya naik?**
T :	You have to get in a bus number nine or seventeen.	**Anda harus naik bas nombor sembilan atau tujuh belas.**
D :	Thank you, sir.	**Terima kasih, encik.**
D :	Oh, It's too crowded for me to get into the bus.	**Oh, bas ini terlalu sesak untuk dinaiki.**
T :	You should know, it's the rush-hours.	**Semestinya kamu tahu, ini adalah waktu sibuk.**
D :	What shall we do?	**Apa yang harusnya kita lakukan?**
T :	We'd better take a taxi instead of standing and hustling in the bus.	**Sebaiknya kita naik teksi daripada berdiri dan berebut untuk naik bas.**
D :	That's a good idea.	**Itu ide yang bagus.**
D :	Where is this bus going toward?	**Bas ini mahu ke mana?**
T :	To the airport. Where are you going?	**Ke lapangan terbang. Kamu mahu ke mana?**
D :	I'm going to Shah Alam.	**Saya mahu ke Shah Alam.**
T :	Don't take this bus.	**Jangan naik bas ini.**
D :	How often do the buses leave for Shah Alam?	**Berapa kerap bas ke Shah Alam berangkat?**

T	:	The buses leave for Shah Alam every one hours.	**Bas-bas ini berangkat ke Shah Alam setiap satu jam.**
D	:	Will it be crowded?	**Apakah bas akan sesak?**
T	:	No, I think. The bus must be crowded only on Saturday afternoon and Sunday.	**Saya rasa, tidak. Bas sesak hanya pada hari Sabtu petang dan hari Minggu.**
		That's your bus.	**Itu basnya.**
D	:	Okay, thank you, sir.	**Baiklah. Terima kasih, encik.**
D	:	Are you waiting for a bus?	**Apakah kamu sedang menunggu bas?**
T	:	Yes, I'm waiting for a bus to Rawang.	**Ya. Saya sedang menunggu bas yang ke Rawang.**
D	:	Oh! You should wait at the other side, this side is going to Kepong.	**Oh, Anda harus menunggu di sebelah sana, tempat ini menuju ke Kepong.**
T	:	Oh! Thanks a lot for your information.	**Oh! Terima kasih banyak atas informasi anda.**
D	:	Excuse me, sir. Does this bus go to Chow Kit?	**Maaf, encik. Apakah bas ini menuju ke Chow Kit?**
T	:	Yes, sir.	**Ya, encik.**
D	:	Would you mind to tell me where I must get down?	**Sudikah anda memberitahu dimana saya harus turun?**
T	:	Of course. Are you a stranger here?	**Tentu. Apakah anda orang baru di sini?**

D	:	Yes, I'm. I come from Kedah.	**Ya. Saya berasal dari Kedah.**
T	:	How long have you been here?	**Sudah berapa lama anda di sini?**
D	:	I've just been here for four days.	**Saya baru di sini selama empat hari.**
T	:	Can I get down in this bus stop?	**Apakah saya boleh turun di pemberhentian bas ini?**
D	:	Wait a moment. You may off at the next stop.	**Tunggu sebentar. Anda boleh turun di perhentian berikutnya.**
T	:	Thank you.	**Terima kasih.**
D	:	Can I go to Ulu Yam by bus?	**Apakah saya boleh ke Ulu Yam naik bas?**
T	:	Certainly. You have to take a bus once time only. Are you a foreigner?	**Tentu, anda mesti naik bas sekali saja. Apakah anda orang baru?**
D	:	Yes, I'm.	**Ya.**
T	:	Where do you come from?	**Anda berasal dari mana?**
D	:	I come from England.	**Saya datang dari England.**
T	:	That's your bus.	**Itu basnya.**
D	:	Okay. Thanks a lot for your information.	**Baiklah. Terima kasih atas informasi anda.**
T	:	That's all right.	**Tidak mengapa.**

41. PASSPORT	PASPORT
T : Good morning, madam.	**Selamat pagi, puan.**
J : Good morning. What can I do for you?	**Selamat pagi. Apa yang boleh saya bantu?**
T : Do you know where's imigration section?	**Di mana bahagian imigrasen?**
J : Over in that room, sir.	**Di bilik itu, encik.**
T : Thank you, madam.	**Terima kasih, puan.**
J : You're welcome.	**Sama-sama.**
T : Excuse me, madam. I've come to renew my residence permit.	**Maafkan saya, puan. Saya datang untuk memperbarui permit menetap saya.**
J : Can I see your residence book, please?	**Bolehkah saya melihat buku penduduk, anda.**
T : Certainly, you can. Here it is. How long can I renew it for?	**Tentu, boleh. Ini dia. Untuk berapa lama pembaruan ini?**
J : One year. It has to be renewed annually.	**Satu tahun. Ini harus diperbarui setiap tahun.**
T : I see	**Oh, begitu.**
J : Will you sign here, please.	**Silakan tanda tangan di sini.**
T : All right. How much is that?	**Baiklah. Berapa bayarannya?**
J : Sixty dollars, please.	**Enam puluh ringgit.**

T	:	You can pick up it tomorrow.	**Anda boleh mengambilnya esok.**
J	:	Thank you.	**Terima kasih.**
T	:	Stop!	**Berhenti!**
J	:	Is there anything wrong?	**Ada sesuatu yang tidak kena?**
T	:	No, sir, it's just a routine check-up. Where are you going, sir?	**Tidak, encik. Ini hanya pemeriksaan rutin. Encik mahu ke mana?**
J	:	I'm going to Singapore.	**Saya mahu ke Singapura.**
T	:	Are you a foreigner here?	**Adakah anda orang asing?**
J	:	Yes, sir. I come from Taiwan.	**Ya, encik. Saya berasal dari Taiwan.**
T	:	Can you show me your ID card, please?	**Bolehkah anda menunjukkan kad pengenalan anda?**
J	:	Here's my passport.	**Ini pasport saya**
T	:	Well. Do you have driving license?	**Baiklah. Adakah encik mempunyai lesen memandu?**
J	:	Surely I have.	**Tentu, saya ada.**
T	:	Good afternoon, sir. Can I see your passport?	**Selamat tengah hari, encik. Bolehkah saya melihat pasport anda?**
J	:	Yes, sir. Here it is.	**Ya, encik. Ini dia.**
T	:	Have you got any firearms with you?	**Adakah anda membawa senjata api?**
J	:	No. I just a tourist on the way to Bali.	**Tidak. Saya hanya seorang pelancong dalam perjalanan ke Bali.**

T	:	What's in the back of the car, sir?	**Apa yang dalam belakang kereta itu, encik?**
J	:	Just two suitcases with my clothes.	**Hanya dua buah beg dengan pakaian-pakaian saya.**
T	:	Would you mind opening the trunk, sir?	**Bolehkah encik membuka beg itu?**
J	:	Certainly.	**Tentu boleh.**
T	:	Right. That'll be all. I'm sorry to have troubled you	**Baiklah. Sudah cukup. Maaf, saya sudah membuat anda susah.**
J	:	Not at all.	**Tidak mengapa.**
T	:	I wish you a pleasant journey.	**Selamat menikmati perjalanan anda.**
J	:	Thank you.	**Terima kasih.**

42. AT THE HOSPITAL	DI HOSPITAL
D : How are you, Ting?	**Apa khabar, Ting?**
T : I'm not feeling very well. My stomach has been aching since yesterday.	**Saya merasa kurang sihat. Perut saya terasa sakit sejak kelmarin.**
D : You should see a doctor.	**Kamu mesti pergi berjumpa doktor.**
T : Yes, I'm going to see a doctor this evening.	**Ya, saya akan pergi berjumpa doktor petang ini.**
D : What's the matter with you, Mr. Ting?	**Apa yang terjadi pada anda, En. Ting?**
T : I couldn't sleep last night, my temperature was 38 degrees Centigrade.	**Saya tidak boleh tidur malam tadi, suhu badan saya naik hingga 38°C.**
D : Okay. I'll give you a prescription and you should take a rest at home for a few days, until you are fully recovered.	**Baiklah. Saya akan memberi preskripsi dan anda mesti beristirahat di rumah selama beberapa hari, sampai anda benar-benar sembuh.**
T : Here's the fee. Thank you.	**Ini bayarannya. Terima kasih.**
D : You're welcome.	**Sama-sama.**
T : Hello, Dewi. How are you felling now?	**Helo, Dewi. Bagaimana keadaan kamu sekarang?**

D	:	Much better, thank you.	**Jauh lebih baik, terima kasih.**
T	:	When can you go home?	**Bilakah kamu boleh pulang?**
D	:	The doctor told me that I could go home tomorrow afternoon.	**Menurut doktor, saya boleh pulang tengah hari esok.**
T	:	Good. I hope you'll be better and you can work again, as usual.	**Baik. Saya berharap agar kamu semakin baik dan dapat bekerja lagi seperti biasa.**
D	:	I hope so, too. Thanks.	**Saya berharap demikian juga. Terima kasih.**
D	:	Excuse me. I'd like to see Dr. Ramli for a minute.	**Maaf, saya mahu berjumpa dengan Dr. Ramli sebentar.**
T	:	I'm sorry, but he's in the operation theatre.	**Maaf. Dia sedang dalam bilik bedah.**
D	:	May I leave this letter for him?	**Bolehkah saya tinggalkan surat ini untuknya?**
T	:	Sure, you may.	**Tentu boleh.**
D	:	Here it is. Thank you.	**Ini suratnya. Terima kasih.**
D	:	Come in, please.	**Sila masuk.**
T	:	Good afternoon, doctor.	**Selamat tengah hari, doktor.**
D	:	What's the matter with you? Are you sick?	**Apa halnya dengan anda? Adakah anda sakit?**
T	:	Yes. That's why I come here.	**Ya. Itulah sebabnya saya datang ke sini.**

	I don't feel very well in these days.	**Saya merasa tidak sedap badan akhir-akhir ini.**
D :	Show me your tongue and breath deeply.	**Tunjukkan lidah anda dan tarik nafas dalam-dalam.**
T :	How?	**Bagaimana?**
D :	Your illness is very serious.	**Sakit anda sangat parah.**
T :	Can I be cured?	**Adakah sakit saya boleh sembuh?**
D :	Of course. But you have to stay in a hospital for ten to twelve days.	**Tentu, tetapi anda harus tinggal di hospital selama 10 hingga 12 hari.**
D :	What's the mater with you?	**Apa halnya dengan anda?**
T :	I am not felling well.	**Saya merasa tidak sedap badan.**
	I don't feel well.	**Saya merasa tidak sihat.**
	I feel weak.	**Saya merasa lemah.**
	I am feverish.	**Saya demam.**
	I have got a headache.	**Saya sakit kepala.**
D :	You'd better to have a rest, or can I take you to see a doctor?	**Sebaiknya kamu berehat. Atau bolehkah saya bawa anda pergi berjumpa doktor?**
T :	No, thank you.	**Tidak, terima kasih.**
	Don't worry about me.	**Jangan bimbang tentang saya.**
	It's not a dangerous illness.	**Ia bukan penyakit yang berbahaya.**

D :	Well. I want to wait you until the evening. If you still fell like this, I'll take you to a doctor soon.	**Baiklah. Saya akan menemani anda sampai petang. Jika anda masih merasa tidak sihat saya akan segera membawa anda berjumpa doktor.**
T :	You are pretty well, thank you.	**Anda baik hati, terima kasih.**
T :	Good morning, doc.	**Selamat pagi, doktor.**
D :	Good morning. What's the matter with you? What can I do for you?	**Selamat pagi.** **Apa halnya dengan anda?** **Boleh saya bantu?**
T :	Doctor, help me, please. Help me, doc.	**Doktor, tolonglah, saya. Tolonglah saya, doktor.**
D :	What's your trouble?	**Apa masalah anda?**
T :	I've been feeling rundown and a little feverish since I got up this morning.	**Saya merasa pening dan demam sejak saya bangun tidur pagi tadi.**
D :	How about your appetite?	**Bagaimana dengan selera makan anda?**
T :	My appetie has gone. I couldn't sleep last night.	**Selera makan saya hilang. Saya tidak boleh tidur semalam.**
D :	Well...please slip up your shoes. I want to weight you first. How old are you?	**Baiklah, tolong tanggalkan kasut anda. Saya mahu mengambil berat badan anda dulu. Berapa umur anda?**

T	:	Twenty one years old, doc.	**21 tahun, doktor.**
D	:	You're a university student aren't you?	**Anda seorang penuntut universiti, bukan?**
T	:	Yes, doc.	**Ya, doktor.**
D	:	Good! Your weight is what ought to be.	**Bagus! Berat badan anda normal.**
		Now, please lie down on this couch.	**Berbaringlah di atas kerusi panjang ini.**
		Open your month, please.	**Buka mulutmu.**
		Please take a deep breath.	**Tarik nafas dalam-dalam.**
T	:	What am I suffering, Doc?	**Apa penyakit saya doktor?**
D	:	Nothing that's serious.	**Tidak ada yang perlu dibimbangkan.**
		You'll be better soon.	**Anda akan segera pulih.**
T	:	Thank you, doc.	**Terima kasih, doktor.**
J	:	Good evening, Jack.	**Selamat petang, Jack.**
D	:	Good evening, John.	**Selamat petang, John.**
		What can I do for you?	**Apa yang boleh saya bantu?**
J	:	I feel wrong in my kidney.	**Saya merasa tidak selesa dalam ginjal saya.**
		my neck	**leher saya**
		my chest	**ruang dada saya**
		my face	**muka saya**
		my forehead	**dahi saya**
		my back of the head	**bahagian belakang kepala saya**
		my right eye	**mata kanan saya**

my left eye	**mata kiri saya**
my right ear	**telinga kanan saya**
my left ear	**telinga kiri saya**
my right cheek	**pipi kanan saya**
my left cheek	**pipi kiri saya**
my nose	**hidung saya**
my nostrills	**lubang hidung saya**
my mouth	**mulut saya**
my temple	**pelipis saya**
my upper lip	**bibir atas saya**
my lower lip	**bibir bawah saya**
my upper jaw	**tulang rahang saya**
my malar	**geraham saya**
my tongue	**lidah saya**
my bone	**tulang saya**
my right hand	**tangan kanan saya**
my left hand	**tangan kiri saya**
my right hand	**tangan kanan saya**
my right arm	**lengan kanan saya**
my left arm	**lengan kiri saya**
my right elbow	**siku kanan saya**
my left elbow	**siku kiri saya**
my breast	**buah dada saya**
my back	**belakang saya**
my right shoulder	**bahu kanan saya**
my right thigh	**paha kanan saya**
my left thigh	**paha kiri saya**
my left leg	**kaki kiri saya**
my right heel	**tumit kanan saya**
my brain	**otak saya**
my heart	**jantung saya**
my kidney	**ginjal saya**

		my lung	**paru-paru saya**
		my muscles	**otot-otot saya**
		my throat	**tekak saya**
		my hip	**pinggang saya**
D	:	Well, John, I have completed my examination. There's nothing to worry.	**Baiklah, John, saya telah selesai memeriksa. Tak ada yang perlu dirisaukan.**
J	:	Should you take X-rays for me?	**Adakah anda akan mengambil X-ray untuk saya?**
D	:	It isn't necessary for your illness.	**Tak perlu untuk penyakit kamu.**
J	:	Will I need a blood transfusion?	**Adakah saya perlu transfusi darah?**
D	:	No, John. You need not.	**Tidak, John. Anda tidak perlu.**
T	:	They are alive and in excellent health.	**Mereka masih hidup dan kesihatannya baik.**
D	:	Well. I need not detain you any longer.	**Baik. Saya tak perlu menahanmu lebih lama lagi.**
T	:	Shall I take some medicines, doctor?	**Adakah saya perlu mengambil ubat, doktor?**
D	:	I'll give you a prescription. And you can get the medicine from chemists or drugstore.	**Saya akan memberi anda preskripsi. Dan anda boleh mengambilnya di farmasi.**
T	:	Thank you, doc.	**Terima kasih, doktor.**
D	:	You're welcome.	**Terima kasih kembali.**

43. AT THE PHARMACY

DI FARMASI

P	: Good evening, sir. What can I do for you?	**Selamat petang, encik. Boleh saya bantu?**
T	: Yes. Do you have this medicine? I've been to many pharmacies but I couldn't find it.	**Ya. Adakah anda mempunyai ubat ini? Saya sudah ke beberapa farmasi tetapi saya tidak mendapatinya.**
P	: A moment, please. Fortunately we have it.	**Tunggu sebentar. Kebetulan kami ada**
T	: Oh, thank you very much.	**Oh, terima kasih banyak.**
P	: Mr. Rajah.	**Encik Rajah.**
R	: Yes, sir.	**Ya, encik.**
P	: Please take one table tree times a day and take this syrup one spoonful four times a day.	**Sila makan pil ini tiga kali sehari dan sirapnya satu camca penuh empat kali sehari.**
R	: Anything else?	**Ada lainnya?**
P	: No, that's all.	**Tidak. Itu saja.**
R	: Thank you, sir.	**Terima kasih, encik**
P	: You're welcome.	**Sama-sama.**
P	: Excuse me. How much do I pay you?	**Maaf. Berapa yang harus saya bayar?**
R	: It's twenty-five dollars only.	**Dua puluh lima ringgit sahaja.**

P	:	Oh, I haven't got enough money. Can I pay for it later?	**Oh, saya tidak punya cukup wang. Bolehkah saya membayarnya nanti?**
R	:	Sorry, sir. You have to pay first.	**Maaf, encik. Encik harus membayar dulu.**
P	:	Okay. Here's the money.	**Baiklah. Ini wangnya.**
P	:	Excuse me, madam. Can I help you?	**Maaf, puan. Boleh saya bantu?**
T	:	Do you sell cough syrup?	**Anda ada menjual ubat batuk?**
P	:	Of course. How many bottles do you want?	**Tentu. Berapa botol anda mahu?**
T	:	A bottle, please.	**Satu botol saja.**
P	:	Here you are. What else?	**Ini dia. Apa lagi?**
T	:	Nothing. That's all.	**Tak ada apa-apa. Itu saja.**
P	:	Thank you, madam.	**Terima kasih, puan.**
T	:	You're welcome.	**Sama-sama.**
P	:	Good morning, sir.	**Selamat pagi, tuan.**
T	:	Good morning.	**Selamat pagi.**
P	:	What can I do for you?	**Ada yang boleh saya bantu?**
T	:	I need some medicines	**Saya memerlukan beberapa ubat.**
P	:	Do you have a medical prescription?	**Adakah anda membawa preskripsi perubatan?**
T	:	My doctor has given this prescription.	**Ya, doktor saya ada memberi priskripsi ini.**

P :	Let me see.	**Mari saya lihat.**
T :	Here you are.	**Ya, ini dia.**
P :	Okay, this prescription consists of pills and draught.	**Baiklah, preskripsi ini terdiri dari pil dan ubat cairan.**
T :	How much are they?	**Berapa harganya?**
P :	They're twenty-five dollars only.	**Semuanya dua puluh lima ringgit saja.**
T :	Excuse me, sir. Can I get some pills here?	**Maaf, tuan. Bolehkah saya mendapat pil di sini?**
P :	Sorry, none can get some medicines without a doctor's prescription here.	**Maaf, tak seorang pun boleh mendapatkan ubat tanpa preskripsi doktor di sini**
T :	My brother feel cold. Can I have your generic medicine.	**Abang saya mendapat selsema. Bolehkah saya membeli ubat generik anda?**
P :	Sit down, please. Wait a moment. Here you are, sir.	**Silakan duduk.** **Tunggu sebentar.** **Ini, tuan.**
T :	Thank you.	**Terima kasih.**
T :	I'll get some medicines by this prescription.	**Saya ingin mendapatkan ubat dengan preskripsi ini.**
P :	Well. Wait a moment, please.	**Baiklah. Sila tunggu sebentar.**
T :	How long will it take?	**Berapa lama?**
P :	Just a minutes. About ten minutes.	**Sebentar.** **Kira-kira sepuluh minit.**

T	:	How much is this?	**Berapa harganya?**
P	:	Well, let me compute how much the price is.	**Baiklah, biar saya kira dulu berapa harganya.**
T	:	Please. So how much is it?	**Silakan.** **Jadi, berapa harganya?**
P	:	It will be seventeen dollars.	**Tujuh belas ringgit.**
T	:	Here is the money.	**Ini wangnya.**
T	:	How to use the medicine?	**Bagaimana menggunakan ubatnya?**
P	:	These tablets have to be taken three times a day.	**Pil-pil ini mesti dimakan tiga kali sehari.**
		And this liquid, you have to take one table spoonful two times a day.	**Dan untuk ubat cair ini harus diminum satu camca besar penuh, dua kali sehari.**
		Don't forget to shake the bottle before you take it.	**Jangan lupa, goncang dulu botolnya sebelum anda minum.**
T	:	Thank you.	**Terima kasih.**
P	:	You're welcome.	**Terima kasih kembali.**

44. SHOPPING | MEMBELI-BELAH

D :	Excuse me, sir. Do you know where the nearest shopping centre here?	**Maaf, encik. Adakah encik tahu di mana pusat membeli-belah terdekat di sini?**
T :	Yes, I do. Please go straight ahead in the next road.	**Ya, saya tahu. Sila jalan terus, di jalan berikutnya.**
D :	Is it far from here?	**Adakah jauh dari sini?**
T :	Oh, no. It's very near from here.	**Oh, tidak. Ia sangat dekat dari sini.**
D :	How far is it from here?	**Berapa jauhnya?**
T :	It's about four meters.	**Kira-kira empat meter.**
D :	Can I go on foot to get there?	**Bolehkah saya jalan kaki saja untuk ke sana?**
T :	Of course. I think it's better if you go on foot.	**Tentu. Saya kira lebih baik anda jalan kaki saja.**
D :	Thank you, sir.	**Terima kasih, encik.**
T :	You're welcome.	**Sama-sama.**
D :	Where are you going, Thilaga?	**Kamu mahu ke mana Thilaga?**
T :	I'm going shopping.	**Saya mahu membeli-belah.**
D :	What do you want to buy?	**Apa yang anda mahu beli?**
T :	I want to buy a birthday present for my brother, Rajah.	**Saya mahu membeli hadiah hari lahir abang saya, Rajah.**

D	:	When will you brother celebrate his birthday?	**Bilakah abang anda merayakan hari lahirnya?**
T	:	Next Sunday, August 30th.	**Minggu depan iaitu 31 Ogos.**
		What do you think I should buy for my brother?	**Pada fikiran anda, hadiah apakah yang bagus untuknya?**
D	:	How old is he?	**Berapa usianya?**
T	:	He is five years older than I'm.	**Dia lima tahun lebih tua daripada saya.**
		Twenty-seven years old.	**Usianya dua puluh tujuh tahun.**
D	:	What's his hobby?	**Apa hobinya?**
T	:	Playing music.	**Bermain muzik.**
D	:	Well, I think you can buy him a guitar.	**Baiklah, saya fikir anda boleh membelikannya sebuah gitar.**
T	:	Oh, it's too expensive. I have no money enough to buy a guitar.	**Oh, itu terlalu mahal. Saya tidak punya cukup wang untuk membeli gitar.**
D	:	Do you want to buy a cheaper one?	**Adakah anda ingin membeli hadiah yang lebih murah?**
T	:	Yes, I think.	**Saya fikir begitu.**
D	:	Right, a shirt or a pants will be fine for him.	**Baiklah, baju atau seluar panjang adalah sesuai untuknya.**

P	:	Excuse me, sir. What can I do for you?	**Maaf, encik. Bolehkah saya bantu?**
T	:	Show me a shirt, please.	**Tolong tunjukkan saya baju.**
P	:	What size do you want?	**Saiz berapa yang anda inginkan?**
T	:	Medium size.	**Saiz sederhana.**
P	:	Here it is, sir. It looks good for you.	**Ini dia. Baju ini nampak sesuai untuk anda.**
T	:	Not for me, but for my older brother.	**Bukan untuk saya tetapi untuk abang saya.**
P	:	It's the best quality.	**Ini kualiti terbaik.**
T	:	How much is it?	**Berapa harganya?**
P	:	It's forty dollars only.	**Empat puluh ringgit saja.**
T	:	Please wrap it, here's the money. Would you please wrap it in fancy wrapping paper?	**Tolong bungkuskan. Dan, ini wangnya.** **Tolong bungkuskan dengan kertas yang warna-warni?**
P	:	I'd be glad to, but you have to pay extra fifty cents.	**Baiklah. Tetapi anda mesti membayar lima puluh sen lagi.**
T	:	That's all right. Here's the money.	**Baiklah. Ini wangnya.**
P	:	Here's the change. Thanks a lot, sir.	**Ini bakinya. Terima kasih banyak, encik.**
D	:	Don't mention it.	**Sama-sama.**
D	:	Tamrin, I want to go shopping. Would you join me?	**Tamrin, saya ingin pergi membeli-belah. Anda mahu ikut?**

		Let's go shopping.	**Mari kita pergi membeli-belah.**
T	:	Where is the nearest department store here? Supermarket?	**Di mana kedai yang terdekat di sini? Pasaraya?**
D	:	Over there in the next road.	**Di sana, di jalan berikutnya.**
T	:	How can we reach that place?	**Bagaimana kita boleh ke sana?**
D	:	We can get in the bus, taxi or we may go on foot. It is not far from here.	**Kita boleh naik bas, teksi atau jalan kaki. Tidak jauh dari sini.**
T	:	Come on.	**Mari.**
D	:	Can I help you, sir?	**Boleh saya bantu, encik?**
T	:	Yes. Could you tell me where the batik department is?	**Ya. Tolong tunjukkan di mana bahagian batik?**
D	:	Sure. It's on the third floor. There you can get everything made of batik.	**Tentu, di tingkat tiga. Di sana anda boleh mendapatkan semua yang diperbuat daripada batik.**
T	:	Can I get sarong there?	**Bolehkah saya dapat kain sarung di sana?**
D	:	Of course. You can choose some kinds of local design.	**Tentu. Anda boleh memilih berbagai jenis corak daerah.**
T	:	Thank you, madam.	**Terima kasih, puan.**
D	:	Your welcome.	**Sama-sama.**

T	:	Good evening, madam. What can I do for you?	**Selamat petang, Puan. Apa yang dapat saya bantu?**
D	:	Do you know where is the drug store?	**Tahukan anda, di mana kedai ubat farmasi?**
		Book store	**Kedai buku**
		Grocery	**Kedai runcit**
		Jewellery store	**Kedai emas**
		Stationery store	**Kedai alat-alat tulis**
		Where can we buy a good novel?	**Dimana kita boleh membeli sebuah novel yang bagus?**
		Where can one get a leather bag?	**Di mana saya boleh mendapatkan beg kulit?**
		Where can I get souvenir?	**Di mana saya boleh mendapatkan cenderamata?**
		Do you know a good shop for buying shoes?	**Tahukah anda di mana kedai kasut yang baik?**
T	:	Let me show the... department.	**Baiklah, saya tunjukkan ... bahagian**
D	:	How much is it?	**Berapa harganya?**
		How much is this, please?	**Berapa harganya?**
T	:	This is sixty five ringgit.	**Enam puluh lima ringgit.**
D	:	Why so expensive? That's very expensive.	**Kenapa begitu mahal? Ia sangat mahal.**
T	:	No, I think, because it is imported.	**Saya fikir tidak. Kerana ini barang import.**
D	:	Is it imported?	**Adakah ia barang import?**
T	:	Of course, madam.	**Tentu, puan.**
T	:	Excuse me, madam. Can I help you?	**Maaf, puan. Boleh saya bantu?**

D :	I'll have a pants.	**Saya mahu membeli seluar panjang.**
	How much is that?	**Yang itu berapa harganya?**
T :	That's only RM75.	**Itu hanya RM75.**
D :	Is it locally made?	**Buatan tempatankah ini?**
T :	Yes, madam.	**Ya, puan.**
	That's cheap.	**Ia murah.**
	That's good value.	**Harganya berpatutan.**
	How long will your sale be on for?	**Sampai bila jualan anda?**
	Have you got anything cheaper?	**Ada barang yang lebih murah?**
D :	I'll take it.	**Saya akan ambil yang ini.**
T :	Would you pay at the cash-desk, please?	**Bolehkah anda membayarnya di kaunter pembayaran?**
D :	Could you wrap it?	**Tolong bungkuskan.**
	Could you wrap it as a gift?	**Bolehkah anda membungkusnya sebagai hadiah?**
T :	Yes, madam.	**Boleh, puan.**
D :	Could you send it round to house?	**Dapatkah anda menghantarkannya ke rumah saya?**
T :	What's your address, please?	**Bagaimana alamat puan?**
	Where do you live?	**Di mana anda tinggal?**
D :	I live in Jalan Bangsar – Number 25.	**Saya tinggal di Jalan Bangsar – Nombor 25.**

T	:	Oh, it's too far from here. I think it's better if you send it by your self via post.	**Oh, itu terlalu jauh dari sini. Saya fikir lebih baik anda mengirimkannya sendiri melalui pos.**
P	:	Good evening, madam. What can I do for you? May I help you? Salesman Salesgirl Grand sale Clearance sale Shop assistant	**Selamat malam, puan.** **Apa yang boleh saya bantu?** **Bolehkah saya bantu?** **Jurujual (lelaki)** **Jurujual (wanita)** **Jualan besar-besaran** **Jualan penghabisan** **Pembantu kedai**
D	:	Would you show me a home made shirt? Have you got cotton shirt?	**Tunjukkan saya baju buatan dalam negeri? Adakah anda mempunyai baju kemeja biasa?**
P	:	Of course, madam. That's on the third shelf. That's in the second floor.	**Tentu, puan.** **Di rak ketiga.** **Di lantai kedua.**
D	:	Can I try this dress on?	**Bolehkah saya cuba baju ini?**
P	:	Yes, please. That's very beautiful follow me to the fitting-room.	**Ya, silakan.** **Ia sangat cantik. Mari ikut saya ke bilik salinan.**
D	:	Thank you.	**Terima kasih.**
P	:	Can I be of any service to you?	**Bolehkah saya bantu?**
D	;	Yes. Do you have batik blouse?	**Adakah anda mempunyai blaus batik?**

P	:	Surely. This way please. There you are. You may choose what you like.	**Tentu, sila ke mari. Itu dia. Anda boleh pilih yang anda suka.**
D	:	Help me get that green one, please.	**Tolong ambilkan yang berwarna hijau.**
P	:	All right, madam. Here. It is. What size do you want?	**Baik, puan. Ini dia. Saiz berapa yang anda inginkan?**
D	:	Size fifteen, please.	**Saiz lima belas.**
P	:	Here's fifteen.	**Ini saiz 15.**
P	:	Does it fit you, madam?	**Adakah ia sesuai, puan?**
D	:	I'm afraid, it's too long.	**Saya rasa terlalu panjang.**
P	:	Do you want a smaller one?	**Adakah puan ingin yang lebih kecil?**
D	:	Yes, please.	**Ya.**
P	:	Here you are, madam.	**Ini, puan.**
D	:	I want two shirts of this size, one long sleeves and the other short sleeves.	**Saya ingin dua kemeja yang saiz ini, satu lengan panjang, satu lengan pendek.**
P	:	All right, madam. But the price is not the same.	**Baik, puan. Tetapi harganya tidak sama.**
D	:	What's the price of both shirts?	**Berapa harga keduanya?**
P	:	The long sleeves is twenty five ringgit and the short sleeves is twenty two ringgit.	**Yang berlengan panjang harganya dua puluh lima ringgit dan yang berlengan pendek dua puluh dua ringgit.**

D	:	I see. Here's the money.	**Baiklah. Ini wangnya.**
P	:	Thank you, madam.	**Terima kasih, puan.**
P	:	Anything else, madam?	**Ada yang lainnya, puan?**
D	:	I need a ...	**Saya ingin sepasang**
		trausers, pant	**seluar panjang**
		swim trunks	**seluar mandi**
		underpants, undershorts	**seluar dalam**
		coat	**kot**
		open Jacket with lapels	**jaket**
		overcoat	**kot luar**
		raincoat	**baju hujan**
		apron	**apron**
		bathing cap	**topi renang**
		bathing suit	**pakaian mandi**
		blouse	**blaus**
		glove	**sarung tangan**
		kid gloves	**sarung tangan halus**
		lace dress	**baju renda**
		leather jacket	**jaket kulit**
		belt	**tali pinggang**
		necktie	**tali leher**
		slipper	**selipar**
		stockings	**stokin**
		socks	**sarung kaki**
		handkerchief	**sapu tangan**
		night gown	**gaun malam**
		pyjamas	**pakaian tidur**
		petticoat	**gaun dalam**
P	:	What sice do you take?	**Anda memakai saiz berapa?**
		What size do you want, sir?	**Saiz berapa, encik?**

T	:	Let me have a look at that deep blue one, I want medium size. Large size Extra large, double L The small size	**Cuba tunjukkan yang biru tua itu. Saya mahu saiz sedang.** **Besar** **Ekstra besar** **Saiz kecil**
P	:	This design is very popular now. This is the best quality.	**Rekabentuk ini sangat popular sekarang.** **Ini kualiti yang terbaik.**
T	:	Is this brand popular, too?	**Adakah jenama ini juga popular?**
P	:	Yes, sir.	**Ya, encik.**
D	:	What's the price? How much is it?	**Berapa harganya?** **Berapa harganya?**
P	:	It isn't too expensive only seventy ringgit only.	**Tidak begitu mahal. Hanya tujuh puluh ringgit saja.**
D	:	Really, it sounds extremely expensive for me. Can you make it a little bit cheaper?	**Sungguh, ia sangat mahal buat saya. Bolehkah anda kurangkan sedikit harganya?**
P	:	Excuse me, madam. There's no bargains. Everything is in fixed price here.	**Maaf, puan. Tidak ada tawar-menawar. Semua harga adalah tetap di sini.**
D	:	Will you show me any dresses that aren't very expensive?	**Bolehkah anda tunjukkan baju-baju yang tidak begitu mahal?**
P	:	Of course. What material do you prefer, madam? Linen or cotton?	**Tentu. Kain apa yang puan sukai?** **Linen atau kain kapas?**

D	:	A linen, please.	**Yang linen.**
		It doesn't fit here.	**Ia tidak sesuai untuk saya.**
		It's too tight under the arms.	**Terlalu sempit di bahagian ketiak.**
		It's shorter in front.	**Lebih pendek di bahagian depan.**
		It needs lengthening.	**Ia perlu dipanjangkan.**
		It needs shortening.	**Ia perlu dipendekkan.**
		It needs taking in.	**Ia perlu dikecilkan.**
P	:	I think this dress suits you, madam.	**Saya rasa baju ini sesuai untuk puan.**
		The colour is very smart.	**Warnanya sangat menarik.**
		This dress makes you look slimmer.	**Baju ini membuat anda nampak lebih ramping.**
D	:	Oh, no. It's too tight.	**Oh, tidak. Baju ini terlalu ketat.**
		It's too large.	**Ia terlalu besar.**
		It's too long.	**Ia terlalu panjang.**
		It's too short.	**Ia terlalu pendek.**
		It's too loose.	**Ia terlalu longgar.**
		Can it be altered?	**Dapatkah ia diubah?**
P	:	Surely you can, madam.	**Tentu boleh, puan.**
D	:	Can you alter it while I wait?	**Bolehkah saya menunggu sambil anda mengubahnya?**
P	:	Yes, please.	**Ya, silakan.**
D	:	How long will the alterations take?	**Berapa lama kerja mengubah itu?**
P	:	Wait a moment. It takes a half hour.	**Tunggu sebentar. Hanya perlu setengah jam.**

T :	What material is the pants made of?	**Apakah jenis kain seluar panjang ini?**
P :	It's made of pure silk.	**Ia diperbuat daripada sutera tulen.**
D :	Does it crease easily? Will it wrinkle?	**Mudahkah ia kusut?** **Adakah ia berkedut?**
P :	No, sir.	**Tidak, encik.**
D :	Is it crease-resistant? Is it shrink-proof? Is it pure silk? Will the colours fade? Will the colours wash?	**Tahan kusutkah ini?** **Tahan susutkah ini?** **Sutera tulenkah ini?** **Adakah warnanya luntur?** **Lunturkah warnanya kalau dicuci?**
P :	No. Everything is in the best quality here.	**Tidak. Semuanya bermutu paling baik di sini.**
D :	I'd like a plain colour. I'd like a local design. I'd like an exotic pattern. Have you got a darker colour?	**Saya suka warna jelas. Saya suka rekabentuk tempatan.** **Saya suka corak yang eksotik.** **Adakah warna yang lebih tua?**
P :	Of course, madam. Here you are.	**Tentu, puan. Ini dia.**
D :	Well. I'd like this design in light blue. I want a similar pattern in dark green. I'd like some brighter colours.	**Baik. Saya ingin corak ini dalam warna biru muda.** **Saya ingin corak yang sama dengan warna hijau tua.** **Saya ingin warna yang lebih cerah.**

	I'd like a more subdued colour.	**Saya ingin warna yang lebih lembut.**
	I'd like a light weight material for hot weather.	**Saya ingin kain yang ringan untuk musim panas.**
	It's available in tropical area.	**Ini sesuai untuk kawasan tropika.**
P :	What about this one? I like it too. But I don't want to buy it yet. I like a clean white.	**Bagaimana dengan yang ini? Suka juga. Tapi saya belum hendak membelinya. Saya suka yang putih bersih.**
P :	Well, because it can go with any other colours.	**Baiklah, kerana ia boleh sesuai dengan warna-warna lainnya.**
D :	Is it the best quality?	**Adakah ini kualiti terbaik?**
P :	Yes, madam. It's on sale today and made in London. This is the best quality.	**Ya, puan. Ia laris dan buatan London. Kualitinya paling baik.**
D :	Are they your latest fashions?	**Adakah ia fesyen-fesyen terkini anda?**
P :	Yes, madam	**Ya, puan.**

45. AT THE BOOK STORE		DI KEDAI BUKU
D :	Excuse me, sir. What can I do for you?	**Maaf, encik. Boleh saya bantu?**
T :	I am looking for a book called Introduction to Malaysian Literature.	**Saya sedang mencari buku yang berjudul Pengantar kepada Sastera Melayu.**
D :	Who's the writter?	**Siapa penulisnya?**
T :	It's written by Profesor Hasan Ahmad.	**Buku ini ditulis oleh Profesor Hasan Ahmad.**
D :	Yes, I see. It's published by Nusantara Publisher, isn't it?	**Ya saya tahu. Buku ini diterbitkan oleh Penerbit Nusantara, bukan?**
T :	Right.	**Betul.**
D :	Here it is.	**Ini dia bukunya.**
T :	How much is it?	**Berapa harganya?**
D :	Twenty five ringgit.	**Dua puluh lima ringgit.**
T :	Here's the money.	**Ini wangnya.**
D :	Here's the change. Thank you.	**Ini wang bakinya. Terima kasih.**
T :	You're welcome.	**Sama-sama.**
T :	Can I help you, sir?	**Bolehkah saya bantu, encik?**
J :	Yes, I want 10 exercise books, 5 drawing books, 2 pencils and one box of colour pencils.	**Ya, saya mahu 10 buku latihan, 5 buku lukisan, 2 pensel dan satu kotak pensel warna.**

T	:	I'm at your service, sir. Anything else.	**Saya boleh sediakan, encik. Ada lain yang diperlukan lagi?**
J	:	No, that's all.	**Tidak, itu saja.**
D	:	Do you have an English Conversation book?	**Adakah anda mempunyai buku Perbualan Bahasa Inggeris?**
T	:	Yes, we do. Anything else?	**Ya, kami ada. Yang lain?**
D	:	Yes, I'm also looking for a good English-Bahasa Melayu Dictionary.	**Ya, saya juga mencari sebuah kamus Inggeris-Bahasa Melayu yang baik.**
T	:	Oh, I'm sorry. They're just out of stock.	**Oh, maaf. Kami baru saja kehabisan stok.**
D	:	When will it be available?	**Bilakah ia boleh didapati lagi?**
T	:	Please come again next week if you want it.	**Sila datang lagi minggu depan jika anda masih perlukannya.**
D	:	Have you got this tittle here?	**Adakah judul ini di sini?**
T	:	Of course, I have. How many books do you want?	**Tentu, saya ada. Berapa buah buku yang anda mahu?**
D	:	Two books, please.	**Dua buah.**
T	:	Here you are. Anything else, sir?	**Ini dia. Ada lain-lain lagi, encik?**
D	:	What paperbacks have you got?	**Apakah buku-buku berkulit lembut yang anda ada?**

T :	I'm afraid, I have no stock anymore. Now, all the books are only available in hard cover.	**Maaf, sudah tidak ada stok lagi. Sekarang, semua buku yang ada berkulit tebal.**
D :	Okay. I'll have one.	**Baiklah, saya beli satu.**
D :	Have you got a three colour ballpoint pen?	**Adakah anda menjual pen mata bola dengan tiga warna?**
T :	Yes, we have. What else do you want?	**Ya, kami ada. Apa lagi yang anda inginkan?**
D :	Do you have carbon paper? I need a half dozen.	**Adakah anda menjual kertas karbon? Saya perlu setengah dozen.**
T :	Yes, we have. Is that all?	**Ya, ada. Itu saja?**
D :	Yes, that's all.	**Ya, itu saja.**
D :	Excuse me, sir. Have you ever read the biography of William Shakespeare?	**Maaf, encik. Adakah anda pernah membaca biografi William Shakespeare?**
T :	Yes, of course.	**Ya, tentu.**
D :	Did you read your ownbook?	**Adakah anda membaca buku kepunyaan anda?**
T :	No, I didn't.	**Tidak.**
D :	I think this book is very interesting for you.	**Saya fikir buku ini sangat menarik bagi anda.**
T :	I have no money enough to buy it.	**Saya tidak punya cukup wang untuk membelinya.**
D :	It is not too expensive.	**Buku ini tidak begitu mahal.**

T	:	How much is it?	**Berapa harganya?**
D	:	Ten ringgit.	**Sepuluh ringgit.**
T	:	Well. I'll have one.	**Baiklah, saya beli satu.**
D	:	When did you read it?	**Bilakah anda membacanya?**
T	:	I read it two years ago when I was a new university student.	**Saya membacanya dua tahun lalu ketika saya menjadi mahasiswa baru.**
D	:	What do you think about him?	**Apa pendapat anda, tentang dia?**
T	:	I think he was one of the greatest authors in the West.	**Saya fikir dia adalah salah seorang pengarang terkenal di Barat.**
D	:	Besides him is Homer of Greece and Dante of Italy.	**Selain beliau ialah Humerus dari Yunani dan Dante dari Itali.**
D	:	Excuse me. I'd like to get the books my boss told you on the phone this morning.	**Maaf. Saya mahu mengambil buku-buku yang dipesan oleh bos saya kepada anda melalui telefon pagi tadi.**
T	:	Oh, yes. Wait a moment. Did you drive a car here?	**Oh, ya. Tunggu sebentar. Adakah anda memandu kereta?**
D	:	Yes, I did. I parked on the parking area over there.	**Ya. Saya meletakkannya di tempat letak kereta sebelah sana.**

T	:	Good. I'll have my boy bring the books to your car, and here's the receipt. Would you sign it, please?	**Bagus. Saya akan menyuruh pembantu untuk membawa buku-buku itu ke kereta anda, dan ini resitnya. Tolong tandatangani.**
D	:	All right. Thank you.	**Baiklah. Terima kasih.**
T	:	You're welcome.	**Sama-sama.**
D	:	Do you have a red wrapping paper?	**Adakah anda ada kertas pembungkus yang berwarna merah?**
T	:	Yes, we do.	**Ya, kami ada.**
D	:	Please give me two sheets. What's the price?	**Tolong ambilkan dua helai. Berapa harganya?**
T	:	Only fifty cents.	**Hanya lima puluh sen saja.**
D	:	Here you are.	**Ini wangnya.**
T	:	Here's the change. Thank you.	**Ini bakinya. Terima kasih.**
D	:	Don't mention it.	**Sama-sama.**
D	:	Excuse me, sir. Can I help you?	**Maaf, encik. Boleh saya bantu.**
T	:	I'd like these postcards. Can I have a look?	**Saya tertarik dengan poskad-poskad ini. Boleh saya lihat?**
D	:	Yes, please.	**Ya, silakan.**
		But I have no any stamps.	**Tapi saya tidak mempunyai setem.**
		You'll have to buy those at the post office.	**Anda terpaksa membelinya di pejabat pos.**

	What else?	**Apa lagi?**
T :	I'd like an airmail writing pad and some envelopes, please.	**Saya memerlukan satu pad kertas tulis pos udara dan beberapa sampul surat.**
	Have you got next year's calendar yet?	**Adakah anda ada kalender untuk tahun depan?**
D :	How many calendar do you want?	**Berapa kalender yang anda perlukan?**
T :	I need three calendars. I'd like some typewriter ribbon and some carbon paper, please.	**Saya perlu tiga kalender. Saya memerlukan reben mesin taip dan kertas karbon.**
D :	Anything else, sir?	**Ada apa-apa lagi, encik?**
T :	No. That's all.	**Tidak ada apa lagi. Itu saja.**
	How much are all these?	**Berapa semuanya ini?**
D :	Twenty-five ringgit.	**Dua puluh lima ringgit.**
T :	Here's the money.	**Ini wangnya.**
D :	Thank you, sir.	**Terima kasih, encik.**

46. DO YOU HAVE?

ADAKAH KAMU MEMPUNYAI?

T :	Do you have a motorcycle?	**Adakah anda memiliki motorsikal?**
J :	Yes, I have. What can I do for you, Tan?	**Ya, saya ada. Boleh saya bantu, Tan?**
T :	Please lend me your motorcycle.	**Tolong pinjamkan motormu kepada saya.**
J :	Where will you go, Tan?	**Kamu mahu ke mana, Tan?**
T :	I'll go to hospital.	**Saya mahu ke hospital.**
J :	What's the matter with you?	**Apa halnya dengan anda?**
T :	No, not me. I want to see my uncle there. He's got a cancer since two months ago.	**Tidak, bukan saya. Saya mahu pergi melawat bapa saudara. Dia mengidap penyakit kanser sejak dua bulan yang lalu.**
J :	Well. This is the key.	**Baiklah. Ini kuncinya.**
T :	Thank you very much.	**Terima kasih banyak.**
J :	Don't mention it	**Sama-sama.**
T :	Excuse me, Johan. Do you have an English dictionary?	**Maaf, Johan. Adakah kamu mempunyai kamus bahasa Inggeris?**
J :	Of course, I have. But it's an English dictionary. Do you want to borrow it?	**Tentu saya ada. Tetapi ia kamus Inggeris. Adakah kamu ingin meminjamnya?**

T	:	No, I don't. Please lend me the others.	**Tidak. Tolong pinjamkan saya yang lain.**
J	:	I'm sorry. I have no the others. But I can borrow you an English-Malay dictionary. Wait a moment.	**Maaf. Saya tidak ada kamus lainnya. Tapi saya boleh meminjamkan kamus Inggeris-Bahasa Melayu. Tunggu sebentar.**
T	:	Okay. I'll wait for you.	**Baiklah. Saya akan tunggu.**
J	:	Here you are.	**Ini dia.**
T	:	Thank you, Tan.	**Terima kasih, Tan.**
J	:	You're welcome.	**Sama-sama.**
T	:	Have you got some money, Johan?	**Kamu ada wangkah Johan?**
J	:	Yes, I have. How much do you want?	**Ya, saya ada. Berapa yang kamu mahu?**
T	:	I want twenty ringgit.	**Saya memerlukan dua puluh lima ringgit.**
J	:	What for?	**Untuk apa?**
T	:	I want to buy a new novel.	**Saya mahu membeli novel baru.**
J	:	What's the title of it?	**Apa judulnya?**
T	:	The title is The Mystery of Two First Ladies.	**Judulnya adalah Mystery of Two First Ladies.**
J	:	Who's the author?	**Siapa penulisnya?**
T	:	It's written by Irving Wallace, a welknown author from England.	**Novel ini ditulis oleh Irving Wallace, penulis terkenal dari England.**

J	:	All right. Here's the money	**Baiklah. Ini wangnya.**
T	:	Thank you. I'll pay you back next week.	**Terima kasih. Saya akan bayar balik minggu depan.**
T	:	Do you have a computer at home?	**Adakah kamu mempunyai komputer di rumah?**
J	:	No. I have it in my office.	**Tidak. Saya ada tapi di pejabat.**
T	:	Do you have a typewriter at home?	**Adakah kamu mempunyai mesin taip?**
J	:	Yes, I do.	**Ya, saya ada.**
T	:	May I use it?	**Bolehkah saya pinjam?**
J	:	Certainly, you may. When are you coming?	**Tentu boleh. Bila kamu mahu datang?**
T	:	I'm coming this evening at seven sharp, if you don't mind.	**Saya akan datang petang ini, pukul tujuh tepat, jika kamu tidak keberatan.**
J	:	No, I don't mind at all. Please come over. I'll wait for you.	**Tidak, sama sekali tidak. Silakan datang. Saya akan menanti kamu.**
T	:	Thanks.	**Terima kasih.**
T	:	What is the size of your suitcase?	**Saiz berapa beg pakaian kamu?**
J	:	I own a medium size. And you?	**Saya mempunyai saiz yang sedang. Dan kamu?**
T	:	I own a small one.	**Saya mempunyai yang bersaiz kecil.**

J	:	What's the colour?	**Apa warnanya?**
T	:	The colour is dark green.	**Warnanya hijau gelap.**
J	:	I see. How long have you owned it?	**Oh, begitu. Sudah berapa lama kamu memilikinya?**
T	:	I've used it for three years. Anyway, it's still in good condition.	**Saya sudah memakainya selama tiga tahun. Namun, keadaannya masih baik.**
J	:	As for mine, I just bought it five month ago.	**Beg saya baru dibeli lima bulan yang lalu.**
T	:	Do you have a tape, Johan?	**Adakah kamu mempunyai pita, Johan?**
J	:	Yes, I have.	**Ya, saya ada.**
T	:	Can I borrow it for a moment? I've got a new cassette.	**Bolehkah saya pinjam sebentar, saya ada kaset baru.**
J	:	Certainly, you can borrow it as long as you want. Where's your tape?	**Tentu, kamu boleh pinjam selama kamu suka. Di mana pita kamu?**
T	:	My brother broke it yesterday.	**Adik saya rosakkannya kelmarin.**
J	:	Come in to my room. Please try by yourself.	**Mari masuk ke bilik saya. Silakan cuba sendiri.**
T	:	Thank you, Johan. You are very kindly.	**Terima kasih, Johan. Kamu sangat baik hati.**
J	:	Don't mention in.	**Sama-sama.**

47. HAVE YOU EVER BEEN ...?

PERNAHKAH ANDA KE ...?

T	: Have you ever been to Japan before?	**Adakah anda pernah ke Jepun dahulu?**
J	: Yes, I have. I was here last year.	**Ya, saya pernah. Saya ke sini tahun lalu.**
T	: May I see your identity card?	**Bolehkah saya lihat pasport anda?**
J	: Certainly. Here it is.	**Tentu. Ini dia.**
T	: What's your purpose here?	**Apa tujuan anda di sini?**
J	: Visiting my grandmother by enjoying my holiday.	**Mengunjungi nenek saya sambil menikmati cuti.**
T	: Have your ever been abroad?	**Pernahkah anda keluar negeri?**
J	: Yes, I have. I was there when I was a university student.	**Ya, pernah. Saya di sana ketika saya masih menjadi pelajar universiti.**
T	: Where did you study?	**Di manakah kamu belajar?**
J	: In Tokyo University. I obtained my doctorate there.	**Di Universiti Tokyo. Saya memperoleh ijazah kedoktoran di sana.**
T	: How long had you been there?	**Berapa lama anda di sana?**
J	: I'd been there for three years.	**Saya di sana selama tiga tahun.**

T	:	Have you ever been to Hotel Hilton?	**Adakah anda pernah ke Hilton Hotel?**
J	:	No, I haven't. But I have been to Ambarrukmo Palace Hotel for three times. What about you?	**Belum pernah. Tetapi saya pernah ke Ambarrukmo Hotel Palace sebanyak tiga kali. Bagaimana dengan anda?**
T	:	I've been to Palace Hotel but it was only for a while.	**Saya pernah ke Hotel Palace tetapi hanya sebentar.**
J	:	What for?	**Untuk apa?**
T	:	Watching the annual folk song festival.	**Melihat festival lagu-lagu daerah.**
J	:	How long did it take?	**Berapa lama berlangsungnya festival?**
T	:	It took about five hours.	**Kira-kira lima jam.**
T	:	Have you ever been to Cameron Highlands?	**Pernahkah anda ke Cameron Highlands?**
J	:	Yes, I have. I spent my vacation there last month. And you?	**Saya menghabiskan masa di sana bulan yang lalu. Dan bagaimana anda?**
T	:	Of course. I've been there too.	**Tentu. Saya pernah ke sana juga.**
J	:	How long had you been there?	**Berapa lama anda di sana?**
T	:	Just a month.	**Hanya sebulan.**
J	:	Oh, it's very long to enjoy your holidays.	**Oh, ia sangat lama untuk bercuti.**

T :	I didn' spend my holidays but I was there for a research to prepare my final thesis.	**Saya tidak menghabiskan cuti saya tetapi saya di sana untuk penyelidikan bagi menyiapkan tesis saya yang terakhir.**
T :	Have you ever been given an antique thing by your closed friend?	**Adakah anda pernah diberi sesuatu yang antik oleh teman rapat kamu?**
J :	Certainly, I have. Lucia gave a wooden statue made in Bali when I was celebrating my 25th birthday last year.	**Tentu, pernah. Lucia memberi saya sebuah patung kayu buatan Bali ketika saya merayakan hari ulang tahun saya yang ke 25 tahun lalu.**
T :	It might be a beautiful statue.	**Ia tentu patung yang cantik.**
J :	It's not only beautiful but also expensive.	**Patung itu bukan hanya cantik tetapi juga mahal.**

48. GOING TO THE MARKET		PERGI KE PASAR
P	Excuse me, madam. What can I do for you?	**Maaf, puan. Boleh saya bantu?**
N	Give me good fresh meat.	**Beri saya daging segar yang baik.**
P	I'll give you the best quality. How much meat do you want?	**Saya akan berikan kualiti terbaik. Berapa banyak daging yang puan perlukan?**
N	Two kilos, please.	**Dua kilo.**
P	We've also got some imported lamb today. If are you interested.	**Hari ini juga ada daging anak kambing import jika puan berminat.**
N	No, I'll stick to the sirloin, thanks.	**Tidak, terima kasih. Saya masih perlukan daging batang pinang.**
P	What else?	**Apa lagi?**
N	Well. I'll have a pound of butter and some vegetables as well.	**Saya mahu satu paun mentega dan juga sayur-sayuran.**
P	Is that all?	**Itu saja?**
N	Yes, that's all. How much are they?	**Ya, itu saja.** **Berapa semuanya?**
P	Fifteen Ringgit.	**Lima belas ringgit.**
N	Here's the money.	**Ini wangnya.**

P	: Thank you, madam.	**Terima kasih, puan.**
D	: Can I help you, sir?	**Boleh saya bantu, encik?**
T	: Yes, I want some beef and mince meat, please.	**Ya. Saya mahu beli daging lembu dan daging cincang.**
D	: How many kilos do you want?	**Berapa kilo yang encik perlukan?**
T	: Please give me two kilos of beef and half a kilo of mince meat.	**Tolong beri dua kilo daging lembu dan setengah kilo daging cincang.**
D	: Okay. Is that all?	**Baiklah. Itu saja?**
J	: Yes, that's all. How much are they?	**Ya, itu saja. Berapa harga-nya?**
D	: Only twelve ringgit.	**Hanya dua belas ringgit.**
D	: I want two kilos of meat.	**Saya mahu dua kilo daging.**
T	: What else do you want?	**Apa lagi yang encik mahu?**
D	: Do you have young chickens?	**Anda ada ayam muda?**
T	: Yes, we do. How many do you want?	**Ya, kami ada. Berapa ekor yang encik mahu?**
D	: Two please. How much are they?	**Dua ekor. Berapa harga semuanya?**
T	: Twenty ringgit.	**Dua puluh ringgit.**
N	: Excuse me, sir. Do you have some fresh fishes?	**Maaf, encik. Anda ada ikan yang segar?**
P	: Of course. All my fishes are fresh. These fishes have been just caught, madam.	**Tentu. Semua ikan saya segar. Ikan-ikan ini baru saja ditangkap, puan.**

N	:	Are these salmons? Are these crabs? Are these cuttle-fishes? Are these lobsters? Are these congers?	**Adakah ini ikan salmon? Adakah ini ketam? Adakah ini sotong? Adakah ini udang galah? Adakah ini ikan belut laut?**
P	:	Yes, madam. How many kilos do you want?	**Ya, puan. Berapa kilo yang puan inginkan?**
N	:	Well. I want two and a half kilo lobsters. How much are they?	**Saya mahu dua setengah kilo udang galah. Berapa harganya?**
P	:	Fifty ringit.	**Lima puluh ringgit.**
N	:	It's too exepensive, I think. Will you sell me for fourty ringgit?	**Saya fikir terlalu mahal. Bolehkah anda jual dengan harga empat puluh ringgit?**
P	:	These fishes are really bargains, madam. And those are as much as it cost me. Everything is more and more expensive now.	**Ikan ini benar-benar murah, Puan. Dan harga itu sama dengan harga pembelian saya. Segalanya semakin mahal sekarang.**
N	:	All right.	**Baiklah.**
P	:	What else do you want to buy, madam?	**Apa lagi yang mahu dibeli, puan?**
N	:	No, that'll be all for today thanks. Here's the money.	**Tidak, cukup untuk hari ini, terima kasih. Ini wangnya.**
P	:	Here's the change.	**Ini bakinya.**

		And thank you, madam.	**Dan terima kasih, puan.**
N	:	You're welcome.	**Sama-sama.**
D	:	Do you have mince meat?	**Anda ada daging cincang?**
T	:	Yes, but we've only one kilogram left.	**Ya, tapi hanya tinggal satu kilo.**
D	:	It doesn't matter. I'll take it all.	**Tidak mengapa. Saya mahu semuanya.**
T	:	Here you are. It's fifteen ringgit.	**Ini dia. Harganya lima belas ringgit.**
T	:	Excuse me. Can I order meat for next Saturday?	**Maaf, bolehkah saya memesan daging untuk hari Sabtu akan datang?**
J	:	Of course, you can. Please write down what you want, when and your address.	**Tentu. Sila tulis apa yang anda inginkan, bila dan alamat anda.**
T	:	Thank you very much, sir.	**Terima kasih banyak, encik.**
J	:	You're welcome.	**Sama-sama.**
J	:	Where are you going, Noni?	**Mahu ke mana, Noni?**
N	:	I want to go shopping. Would you join me?	**Saya hendak pergi membeli-belah. Mahu ikut saya?**
J	:	What a good idea! I promise to follow you after sweeping the floor. Wait a moment please.	**Ide yang bagus! Saya janji akan ikut anda setelah menyapu lantai. Tolong tunggu sebentar.**

N	:	Well, I'll wait for you.	**Baiklah. Saya akan menunggu kamu.**
J	:	What do you want to buy?	**Anda mahu membeli apa?**
N	:	I want to buy some vegetables and fruits.	**Saya mahu membeli sayur-sayuran dan buah-buahan.**
P	:	Good morning, madam. Can I help you.	**Selamat pagi, puan. Boleh saya bantu.**
N	:	Good morning. I'd like vegetables and fruits.	**Selamat pagi. Saya mahu membeli sayur-sayuran dan buah-buahan.**
P	:	What vegetables do you need?	**Sayuran apa yang anda perlukan?**
N	:	Potato and tomato.	**Kentang dan tomato.**
P	:	How many kilos do you want?	**Berapa kilo yang anda mahu?**
N	:	One kilo to each other.	**Masing-masing satu kilo.**
P	:	Anything else, madam?	**Ada yang lainnya, Puan?**
N	:	Please wrap me one kilo of mangoes.	**Tolong bungkuskan saya sekilo mangga.**
P	:	What else?	**Apa lagi?**
N	:	I'll take a kilo of apple.	**Saya mahu satu kilo epal.**
		pineapple	**nanas**
		grape	**buah anggur**
		mango	**mangga**
		watermelon	**tembikai**
		pomegranate	**buah delima**
		papaya	**betik**
		pear	**pear**

peach	**buah pic**
orange	**oren**
cherry	**ceri**
date	**kurma**
sour-sop	**durian belanda**
plumberry	**plamberi**
raspberry	**raspberi**
breadfruit	**buah sukun**
jackfruit	**buah nangka**
mangosteen	**buah manggis**
coconut	**kelapa**
peanut	**kacang tanah**
cucumber	**mentimun**
melon	**tembikai**
onion	**bawang**
tomato	**tomato**
potato	**kentang**
beet	**bit**
radish	**lobak**
carrot	**lobak merah**
cabbage	**kubis**
bean	**kacang**
celery	**selderi**
lettuce	**selada**
salad	**salad**
spinach	**bayam**
capsicum	**lada benggala**
red pepper	**serbuk cili merah**
nutmeg	**pala**
clove	**cengkih**
mushroom	**cendawan**
salted fish	**ikan asin**

crab	**ketam**
shrimp	**udang**
lobster	**udang galah**
swan	**angsa**
turkey	**ayam belanda**
shellfish	**kerang-kerangan**
clam	**kima**
fresh bread	**roti tawar**
sweetened bread	**roti manis**
yeast	**ragi**
cheese	**keju**
salt	**garam**
egg	**telur**
curcuma	**koma-koma**
sitrunella	**serai**
soy sauce	**kicap**
refined sugar	**gula pasir**
vinegar	**cuka**
palm sugar	**gula sawit**
wheat	**gandum**
unhulled rice	**gabah, antah**
pounded rice	**beras tumbuk**
milled rice	**beras giling**
glutinous rice	**beras pulut**
rice	**beras**
maize	**jagung**
cassava	**ubi kayu**
olives	**zaitun**
eggplant	**terong**
soybean	**kacang soya**
chicory	**cikori**
ginger	**halia**

	chilly	**cabai**
	coriander	**ketumbar**
	garlic	**bawang putih**
	cauliflower	**kubis bunga**
	garlic	**bawang putih**
	seaweed	**rumpai laut**
	jelly	**agar-agar**
	a street vendor	**penjual di jalan**
	a grocer	**penjual barang runcit**
	a butchers	**pemotong daging**
	a fishmonger	**penjual ikan**
	a fish shop	**kedai ikan**
N :	Okay, I think, that's all. How much are they?	**Baiklah. Saya fikir itu saja. Berapa semuanya?**
P :	Seventy-three ringgit	**Tujuh puluh tiga ringgit.**
N :	Here's the money.	**Ini wangnya.**
P :	Thank you, madam.	**Terima kasih, puan.**

49. AT THE SHOE SHOP

DI KEDAI KASUT

T	:	Good evening, madam.	**Selamat petang, puan.**
J	:	Good evening. What can I do for you, sir?	**Selamat petang. Boleh saya bantu, Encik?**
T	:	Can you tell me where the shoes store?	**Boleh kamu tunjukkan di mana kedai kasut itu?**
J	:	In the second floor, sir.	**Di tingkat kedua, encik.**
T	:	Thanks for your information.	**Terima kasih atas maklumat puan.**
T	:	You're welcome.	**Sama-sama.**
J	:	Can I help you, sir?	**Boleh saya bantu, encik?**
T	:	I need a pair of shoes.	**Saya mahu sepasang kasut.**
J	:	Do you want leather shoes?	**Anda mahu kasut kulit?**
T	:	No, I want canvas shoes. I'll use them for sport.	**Saya mahu kasut kanvas. Saya ingin memakainya untuk bersukan.**
J	:	What size do you want?	**Saiz berapa yang anda mahu?**
T	:	Eight, please.	**Saiz lapan.**
J	:	Here you are.	**Ini dia.**
T	:	Can you show the other styles?	**Boleh kamu tunjukkan fesyen lainnya?**
T	:	Of course. Here are some new patterns.	**Tentu. Ini corak baru.**

T :	Will you show me formaly shoes?	**Boleh kamu tunjukkan kasut untuk acara formal?**
J :	What colour do you prefer?	**Anda suka warna apa?**
T :	Black or dark brown.	**Hitam atau coklat tua.**
J :	Here you are. The black ones are little more expensive than the brown ones.	**Ini dia. Yang hitam lebih mahal sedikit daripada yang coklat.**
T :	Can you take me low heels shoes?	**Boleh. Tolong ambilkan kasut yang bertumit rendah?**
J :	The high heels are more nice than the low ones.	**Tumit tinggi lebih bagus daripada yang bertumit rendah.**
T :	Yes, but low heels are more comfortable.	**Ya, tetapi kasut bertumit rendah lebih selesa dipakai.**
T :	Are these shoes good quality?	**Adakah kasut ini bagus kualitinya?**
J :	Yes, sir. We always sell the best quality.	**Ya, encik. Kami selalu menjual kualiti yang terbaik.**
T :	Are they local made?	**Adakah ini buatan dalam negeri?**
J :	No. They are made in Paris.	**Bukan. Ini buatan Paris.**
T :	Can I try them?	**Bolehkah saya mencubanya?**

J	:	Certainly, you can. They fit perfectly.	**Tentu boleh. Kasut itu benar-benar sesuai.**
T	:	How much are they?	**Berapa harganya?**
J	:	Eighty-five ringgit.	**Lapan puluh lima ringgit.**
T	:	Here's the money.	**Ini wangnya.**
J	:	Wait a moment, please. I'll take you the change.	**Sila tunggu sebentar. Saya akan mengambil wang bakinya.**
D	:	Do you have sports shoes?	**Adakah anda menjual kasut sukan?**
T	:	Yes, we have. What size do you want?	**Ya, ada. Saiz berapa yang anda mahu?**
D	:	I want size nineteen.	**Saya mahu saiz 19.**
T	:	Here you are. Please try them on.	**Ini dia. Sila cuba.**
D	:	They're quite comfortable. Okay. I'll take them.	**Kasut ini sangat sesuai. Saya akan membelinya.**
D	:	Can I help you, madam.	**Boleh saya bantu, puan?**
T	:	Yes, I want a pair of high-heeled shoes, please.	**Ya, saya mahu sepasang kasut yang bertumit tinggi.**
D	:	What size, please?	**Saiz berapa?**
T	:	Size eight.	**Saiz lapan.**
D	:	What colour do you want?	**Warna apa yang anda mahu?**
T	:	Brown, please.	**Coklat.**
D	:	What do you think of these?	**Bagaimana dengan yang ini?**

T	:	Very nice. Please wrap them.	**Sangat cantik. Tolong bungkuskan.**
T	:	Please show me casual shoes.	**Tolong tunjukkan kasut biasa.**
J	:	They must be a low heels and made of leather.	**Kasut itu mesti yang bertumit rendah dan diperbuat daripada kulit.**
T	:	Right. Please take me the black ones.	**Betul. Tolong ambilkan yang hitam.**
J	:	They are imported from Italian and on sale today.	**Kasut ini diimport dari Itali dan sangat laku sekarang.**
T	:	How much are they?	**Berapa harganya?**
J	:	Sixty-three ringgit.	**Enam puluh tiga ringgit.**
T	:	Oh, It's too expensive. Have you something a little cheaper.	**Oh, terlalu mahal. Adakah yang lebih murah sedikit.**
J	:	I'm sorry, sir. That's the cheapest.	**Maaf, encik. Itu yang paling murah.**
T	:	Is there any reduction?	**Bolehkah dikurangkan harganya sedikit?**
J	:	Sorry, here's no bargain, sir. Everything is in the exact price.	**Maaf, di sini tidak ada tawar-menawar. Semuanya dalam harga yang ditetapkan, encik.**
T	:	All right. I'll take them. Can you wrap them?	**Baiklah saya ambil ini. Tolong bungkuskannya.**
J	:	Of course, I can.	**Tentu, boleh.**

D	:	Excuse me. Will you show me the shoes on the top?	**Maaf, tolong ambilkan pada saya kasut yang di atas itu?**
T	:	Certainly. Here you are. Please sit down and try them on.	**Baiklah. Ini dia. Sila duduk dan cubalah dulu.**
D	:	Oh! They're too small. Show me the bigger ones, please.	**Oh, ini terlalu kecil. Tolong ambil saiz yang lebih besar.**
T	:	What about these?	**Bagaimana yang ini?**
D	:	They fit me very well. What's the price?	**Kasut ini sangat sesuai. Berapa harganya?**
T	:	They cost seventy-five ringgit.	**Harganya tujuh puluh lima ringgit.**
D	:	Can I exchange them if they are too small?	**Bolehkah saya menukar-kannya jika terlalu kecil?**
T	:	Of course, you can.	**Tentu saja, boleh.**

50. HOBBY — HOBI

T	: Where are you going Jamil? It's still very early in the morning.	**Kamu mahu ke mana, Jamil? Hari masih terlalu pagi.**
J	: I'm just taking a walk around. The air is so fresh.	**Saya hanya mahu berjalan-jalan di sekitar sini. Udaranya sangat segar.**
T	: Do you go for a walk every morning?	**Adakah kamu berjalan-jalan setiap pagi?**
J	: Of course.	**Tentu sekali.**
T	: How long do you do every morning?	**Berapa jauh kamu berjalan setiap pagi?**
J	: I walk about two or three kilometers and sometimes run.	**Saya berjalan sekitar dua atau tiga kilometer dan kadang-kadang berlari.**
T	: Is that your hobby?	**Itukah hobimu?**
J	: Yes, my hobby is jogging.	**Ya, hobi saya berjalan-jalan.**
T	: That's why you always look so healthy.	**Itulah sebabnya kamu selalu tampak sangat sihat.**
J	: I think you'd better do it, too.	**Saya fikir kamu patut juga melakukannya.**
T	: As a matter of fact, I like to walk in the morning but I can't get up early.	**Sebenarnya, saya suka berjalan-jalan di pagi hari tetapi saya tidak boleh bangun pagi.**
J	: I see.	**Oh, begitu.**

T	:	What's your hobby, Jamil?	**Apa hobi anda, Jamil?**
J	:	Listening to the music and playing piano.	**Mendengar muzik dan bermain piano.**
T	:	Can you play jazz song for me?	**Boleh kamu mainkan lagu jazz untuk saya?**
J	:	Sorry, I can't play jazz. It's very difficult. But, I like to listen the jazz music so much.	**Maaf, saya tidak boleh main jazz. Ia terlalu sukar. Tetapi, saya sangat suka mendengar muzik jazz.**
T	:	What about classical music?	**Bagaimana dengan muzik klasik?**
J	:	Certainly, I'll play some classical songs for you.	**Tentu, saya boleh mainkan beberapa lagu klasik untuk kamu.**
T	:	Thank you.	**Terima kasih.**
J	:	What's your hobby, Tan?	**Apa hobi anda, Tan?**
T	:	My hobby is introducing, correspondence and collecting stamps.	**Hobi saya berkenalan, surat menyurat dan mengumpulkan setem.**
J	:	Are there foreign stamps in your collection?	**Anda ada setem luar negeri dalam koleksi anda?**
T	:	Yes, I collected them from friends abroad.	**Ya, saya mengumpulkannya dari teman-teman luar negeri.**
J	:	What about old stamps?	**Bagaimana dengan setem lama?**
T	:	I have some old stamps.	**Saya ada beberapa setem lama.**